alessandra
ancona de faria

CONTAR HISTÓRIAS COM O JOGO TEATRAL

PERSPECTIVA

CIP-Brasil. Catalogação-na-Fonte
Sindicato Nacional dos Editores de Livros, RJ

F233C

Faria, Alessandra Ancona de
Contar histórias com jogo teatral / Alessandra Ancona de Faria. – São Paulo : Perspectiva, 2011.
(Debates ; 323)

Inclui bibliografia
ISBN 978-85-273-0929-5

1. Representação teatral – Estudo e ensino. 2. Teatro – Estudo e ensino. 3. Jogos na educação artística. I. Título. II. Série.

11-4601. CDD: 792.028
CDU: 792.028

22.07.11 29.07.11 028329

1ª edição
[PPD]

EDITORA PERSPECTIVA LTDA.

Av. Brigadeiro Luís Antônio, 3025
01401-000 São Paulo SP Brasil
Telefax: (11) 3885-8388
www.editoraperspectiva.com.br

2019

SUMÁRIO

À Nonna,
Linda Ancona Lopez (em memória),
pelas histórias e pelo carinho.

Aos meus alunos,
pela confiança e os olhares de alegria
nos momentos de descoberta.

À Teresa,
por dar novo sentido à minha vida.

AGRADECIMENTOS

À profa. dra. Ingrid Dormien Koudela, orientadora em minha pesquisa de mestrado, pela generosidade em compartilhar seus conhecimentos.

Aos alunos Daniel, Edmilson, Giovanni, Mariana, Priscila, Sidnéia e Solange, pela disponibilidade em participar de minha pesquisa de mestrado, com envolvimento e alegria, tornando este experimento, para mim, um grande aprendizado.

Aos meus pais, Cabé e Lia, que sempre me apoiam, seja qual for minha nova criação, fazendo com que eu me sinta muito especial e que sou boa no que faço.

Ao Du, por fazer com que eu descubra o encanto do conto de fadas no nosso cotidiano.

PREFÁCIO

A história que a *nonna*, a avó de Alessandra, nascida na Itália, ouviu e contou a ela quando criança pode agora ser lida e contada para muitas crianças que nascerem aqui no Brasil. O costume de contar histórias, cada vez mais urgente na sociedade da mídia, é uma das raras oportunidades para se ter uma relação com a criança sem a mediação de uma tela… TV… computador… isto é vida, aqui e agora!

E mais ainda, Alessandra nos brinda com sua trajetória como educadora, na qual o corpo, o gesto, o espaço, a voz são acrescidos à narrativa, abrindo espaço para a cena teatral.

A pesquisa realizada para o Mestrado na ECA-USP é fundamentada no método de ensaio teatral apresentado em *Jogos Teatrais no Livro do Diretor*, de Viola Spolin. A realização de um experimento com jovens de uma escola pública paulista e a reflexão teórica que acompanha os protocolos de ensaio redigidos pelos jovens atores dão ao

leitor uma visão de teatro inovadora. Os objetivos teatrais e educacionais são equacionados por meio de uma metodologia na qual o princípio da autonomia é o eixo para a realização da Pedagogia do Teatro.

A nova/velha história da relação entre processo e produto é retomada por Alessandra com o grupo Pé Sujo, apontando para trilhas que promovem novas possibilidades de encenação, que torna novamente significativa a presença do público para o teatro que se realiza na escola.

A riqueza e a transformação da narrativa em texto dramático podem ser acompanhadas pelo leitor de forma sistemática, através da exposição de Alessandra, que registrou cada passo do processo colaborativo realizado com os jovens atores. A experiência da educadora se faz presente na identificação das características de cada faixa etária; na realização do trabalho teatral com grupos numerosos, sem dar ênfase a estrelismos; na adequação aos limites de tempo escolar; na complexidade da linguagem como processo de aprendizagem. O jogo teatral forneceu a linguagem – o porto seguro para as improvisações.

O confronto com as dificuldades que se apresentaram ao processo de ensino/aprendizagem revelam o projeto da pesquisa-ação. As reflexões que acompanham o relato são sinceras, advindas de ações genuínas, promovidas pelos problemas de atuação que levam não apenas à liberação da ação lúdica, mas também à construção do objeto estético. O impacto do conteúdo manifestado pelos jovens atores está presente no texto dramático deste livro.

Esperamos que o presente livro seja multiplicador e possa dialogar com muitos parceiros de jogo!

Ingrid Koudela

INTRODUÇÃO

Era uma vez um sofá. Seus pares eram duas poltronas e mais alguns móveis espalhados pela sala. A dona do sofá era uma avó que sentava nele para contar histórias. O sofá mudou de sala algumas vezes, mas a avó era sempre a mesma e os netos só aumentavam de quantidade e de tamanho sempre havendo algum por lá, sentado, escutando.

A avó não era chamada de vó, como as avós costumam ser chamadas na intimidade, mas de *nonna*, o que dá na mesma, apesar de um som tão diferente. Ela nasceu no Brasil e passou toda sua vida aqui, mas era filha de uma *nonnina*, que não nasceu aqui, e sim na Itália.

Todos os seus antepassados nasceram na Itália e de lá trouxeram as histórias que ela ouviu e contou. Vinham todos de uma cidade chamada Bari ou de cidades vizinhas e cada um trazia algo consigo. A *nonna* da minha *nonna* foi quem pegou as histórias para trazer e aqui distribuir no sofá de sua casa para suas netas.

Com tanta gente italiana na casa, continuaram falando assim, até que eu nasci e minha mãe parou com esse costume. Mas como os costumes não param de uma hora para outra, quando estávamos na casa da minha *nonna*, o idioma falado era uma mistura; dependendo de para quem a pessoa olhava, falava em português ou em italiano. Com isso entendíamos um pouco de cada língua e as histórias podiam ser contadas misturando as duas línguas.

Assim, acabei guardando na minha caixa de histórias algumas frases em português e outras em italiano, o que me fez saber que o príncipe dizia para a Nina-Nina "Nina--nina, Nina-nina, te bacerei la bocca la sera e la mattina" e ela respondia "Se minha boca você beijar, tua língua vai secar!" Mas o antes e o depois da história, eu lembro em português.

Os netos começaram a mudar, embora o sofá e a *nonna* fossem os mesmos e depois que eu tinha completado quinze anos, apareceram outras crianças pequenas, fazendo com que eu escutasse novamente as histórias.

Dessa forma, minha caixa foi se renovando e chegou o dia em que resolvi guardar tudo em uma fita, uma fita de música e não de cabelo, para tentar escrever e desenhar as histórias. Mas elas não quiseram sair da fita e lá estão até hoje.

Passaram-se dezesseis anos e voltei a elas, resolvi que fariam parte do que estou escrevendo e, por isso, voltei ao sofá. A *nonna*, paciente que é, voltou comigo e me contou tudo outra vez. Anotamos, relembramos, perguntamos para tias e primas sobre os pedaços que cismavam em se esconder e por fim escrevemos três delas inteirinhas, sem nada faltar. Escrevemos juntas para que elas tivessem a cara daqueles dias de sofá, mesmo sem as frases em italiano, pois quem não se sentou lá, poderia não entender aquela mistura toda.

Escolhi contar a história *Pássaro Verde*, que sempre povoou minha cabeça de imagens. Cada pedaço da história foi sendo montado dentro de mim nas muitas vezes em que

a escutei e depois remontados quando comecei a contá-la. Devo ter uma enorme coleção de pontes de cristal, de espelhos, de pentes encantados e de momentos em que a pétala de rosa fere o rosto da princesa.

As imagens que se construíram dentro de mim certamente foram determinantes do modo como vou montando histórias, personagens, ações e cenas na minha vida. Das cenas da vida e desse gosto de ouvir e contar, passei para cenas com jogos, alunos, teatros e escolas. Fiz muitas delas usando o corpo, o gesto, o espaço, a voz; e a vontade de que tudo isso pudesse gerar nas pessoas que me ouviam esse gosto por contar, imaginar e dar a quem escuta ou vê a enorme porta que a narrativa ou a cena podem abrir.

1. O CONTO E O GRUPO

O Pássaro Verde

Era uma vez uma princesa que, quando completou quinze anos, recebeu um espelho de presente de seu pai. Era um pequeno espelho incrustado em uma caixinha muito bonita, toda enfeitada. Ela estava olhando-se no espelho, quando um pássaro verde bem grande entrou pela janela e levou o espelho.

Ela ficou impressionada com aquilo, perguntando-se por que o pássaro viera tirar seu espelho. Seu pai, para consolá-la, deu-lhe um lindo pente de presente. Ela ficou muito feliz com o novo presente, mas, quando estava penteando seus cabelos, o pássaro entrou novamente e lhe roubou o pente.

Ela começou a imaginar por que o pássaro estava fazendo tudo aquilo com ela. Ficou muito triste, sem entender o que acontecia, e passou a pensar todo o tempo no pássaro.

O pai, vendo o desespero da filha, procurou animá-la e lhe deu mais um presente, dessa vez uma fita toda bordada em ouro e com pedras brilhantes. Como ela ficaria presa ao seu cabelo, não poderia ser levada pelo pássaro. No momento em que a princesa começou a amarrar a fita, ela ouviu outra vez o bater das asas: era o mesmo pássaro verde que voltava, agora para roubar a fita.

Ela ficou numa tristeza muito grande, perguntando por que ele, mais uma vez, fizera isso com ela. Como não encontrou resposta, não comeu mais, não quis mais ir a festas, não conversava com ninguém, não ria mais, passando os dias inteiros na cama. Seus pais ficaram muito preocupados e chamaram um médico, que disse que ela não tinha nenhuma doença, só tristeza.

Os dias foram passando, e como ela não melhorou, o rei colocou um edital, dizendo que quem a fizesse rir e comer, se casaria com ela. Vieram todos os palhaços do reino, os bobos da corte, os contadores de histórias. Todos tentaram contar alguma coisa que a fizesse sorrir, mas não conseguiram.

No reino, havia um rapaz meio tonto que trabalhava na floresta. Um dia ele viu uns pedaços de lenha subirem sozinhos em uma carroça, que saiu andando sem cavalo nem cocheiro. No dia seguinte, viu isso acontecer de novo e acompanhou a carroça para ver aonde ela ia. Viu que a carroça entrou em um palácio. No terceiro dia ele resolveu subir na carroça para ver o que havia além dos portões. Dentro do palácio, o rapaz entrou em um quarto e se escondeu debaixo da cama. Dali a pouco, um mordomo entrou com uma bacia de prata cheia de água, colocou-a na janela e saiu. Depois de um momento, apareceu um pássaro verde, que mergulhou na bacia e se transformou em um príncipe. O príncipe abriu um armário, pegou um espelho, deu-lhe um beijo e disse:

– Este é o espelho de minha amada – e o recolocou no lugar. Pegou então um pente, deu-lhe um beijo e disse:

– Este é o pente de minha amada – e o recolocou no lugar. Por último, pegou uma fita, deu-lhe um beijo e disse:

– Esta é a fita de minha amada – e a recolocou no lugar.

Ao amanhecer, o príncipe se transformou novamente em pássaro e saiu voando pela janela. Ao sair do palácio o menino resolveu contar essa história para a princesa.

Ele começou a contar a história para a princesa, que não prestou atenção até que ele falou do pássaro verde. Então, ela ficou muito interessada, escutando tudo cuidadosamente. Ao terminar a história, a princesa pediu um prato de sopa e que ele contasse tudo outra vez.

Por diversos dias ela quis que ele ficasse o dia inteiro repetindo a história e acabou se convencendo de que o pássaro verde da história era o mesmo que lhe tinha roubado as coisas.

Quando a princesa se sentiu mais forte, combinou com o menino que a levasse até a floresta e em troca lhe deu uma bolsa com moedas de ouro, para que ele saísse do reino e não contasse nada a ninguém. Quando o menino a levou até a floresta, ela fez o mesmo que ele havia feito. Após subir na carroça que a levou ao castelo, se escondeu debaixo da cama, esperando pelo pássaro.

O pássaro verde chegou e ao banhar-se na água se transformou em um lindo príncipe, abriu o armário, pegou o espelho e disse:

– Este é o espelho de minha amada – e o recolocou no lugar. Pegou então o pente, deu-lhe um beijo e disse:

– Este é o pente de minha amada – e o recolocou no lugar. Por último, pegou a fita, deu-lhe um beijo e disse:

– Esta é a fita de minha amada – e a recolocou no lugar.

Quando o príncipe terminou de beijar a fita, a princesa saiu de debaixo da cama e disse:

– E aqui está a sua amada.

O príncipe levou um susto muito grande e explicou que ela não deveria ter vindo, pois ele tinha um encanto que o faria ser pássaro por toda a vida. Esse encanto só se romperia se alguém se sacrificasse por ele passando sete anos em um nicho a pão e água. A princesa decidiu ficar no nicho, para romper o encanto e eles poderem ficar juntos.

Durante os sete anos em que a princesa ficou no nicho, uma velha foi todos os dias levar-lhe um pedaço de pão e um

copo de água. Passados os sete anos, o príncipe voltou, abriu o nicho e a princesa, pálida, muito magra, com o cabelo todo despenteado, com as roupas velhas e sujas, caiu no chão, de tão fraca que estava. O príncipe a olhou e disse:

– Bah! A que você se reduziu pelo meu amor! Agora não te quero mais.

A princesa ficou perdida, sentindo-se abandonada, até que apareceu uma velha que lhe deu uma bolsa cheia de moedas, na qual bastava que ela enfiasse a mão, tirando todas as moedas que precisasse, sem que elas nunca acabassem. Por encanto, a velha fez com que voltasse toda a beleza da princesa.

A princesa contratou milhões de empregados para construir um palácio enorme na frente do palácio do príncipe. O palácio da princesa era muito maior e mais bonito, deixando o príncipe muito curioso em saber quem estava construindo aquele palácio tão suntuoso. Ele enviou seus empregados até a construção para perguntar quem havia mandado construí-la, mas eles não descobriram nada.

O palácio ficou pronto em quinze dias, então a princesa se mudou para lá. Um dia, o príncipe a viu na janela e achou-a linda, embora não a tenha reconhecido. Quando ela o viu, bateu a janela na cara dele. Ele voltou a vê-la e tentou falar com ela, mas todas as vezes ela fechava a janela. Ele foi ficando cada vez mais apaixonado, mas, como ela o evitava, pediu ao pai que lhe dissesse que ele estava loucamente apaixonado e queria se casar com ela.

O rei achava uma humilhação aquela moça bater a janela na cara do filho dele, o príncipe, mas, por fim, ficou com pena do filho e foi até lá pedir a mão da princesa em casamento.

O rei esperou por ela durante um longo tempo e quando já estava pronto para ir embora, ela chegou. Ele explicou que seu filho estava apaixonado por ela, e queria se casar. A princesa rejeitou o pedido de casamento, dizendo não ter intenção de casar-se.

A tristeza do príncipe fez com que seu pai voltasse lá para pedir novamente a mão da princesa em casamento.

Dessa vez ela aceitou o pedido, porém, com a condição de que fosse construída uma ponte de cristal entre os terraços dos dois castelos, que seria por onde ela passaria no momento de se casar.

No dia do casamento, a princesa foi caminhando até o palácio do príncipe pela ponte de cristal com vestido de noiva. Enquanto ela passava, as dez virgens mais lindas do reino jogavam pétalas de rosas. De repente, no meio do caminho, a princesa parou e disse:

– Uma pétala me feriu, não me caso mais. – Deu meia volta e retornou para dentro de seu palácio.

O príncipe ficou desesperado. Passados alguns dias, pediu ao rei, seu pai, que voltasse lá e a convencesse a se casar. O rei não concordou, mas o príncipe começou a adoecer de tristeza, parou de comer, deixou de passear, não conversava com mais ninguém, e então o rei, preocupado com a saúde do filho, voltou para pedi-la em casamento novamente.

Dessa vez a princesa o fez esperar ainda mais, e quando o rei a pediu em casamento, ela aceitou, com a condição de que uma semana antes divulgassem para todo o reino que o príncipe estava muito doente e que no dia do casamento se espalhasse a notícia de que ele havia morrido. Ela iria ao velório e eles se casariam.

O rei não queria aceitar, mas como o príncipe estava mesmo muito doente e ele temia que seu filho realmente morresse caso não se casasse, aceitou a absurda proposta da princesa.

No dia do casamento, os sinos de todas as igrejas dobraram e todo o reino ficou sabendo que o príncipe havia morrido. Foi realizado o cortejo que levava o príncipe para a igreja e a princesa demorou muitas horas para chegar. Ao aparecer, toda vestida de preto com um grande véu cobrindo seu rosto, subiu no cadafalso. Vendo o príncipe quase morto, pálido, doente, ela levantou o véu e lhe disse:

– Bah! A que você se reduziu pelo meu amor. Agora não te quero mais. – E saiu.

Foi só neste momento que ele a reconheceu. Correu atrás dela, perguntando-lhe por que o fizera sofrer tanto e ela respondeu que ele havia feito o mesmo com ela, pois não havia sido pouco o que ela sofreu todos aqueles anos no nicho para depois ser desprezada.

Eles, então, se entenderam, explicaram tudo ao rei, que passou a compreender as razões de tudo aquilo, casaram e viveram felizes para sempre.

Grupo de Teatro Pé Sujo

O interesse em trabalhar com contos e a minha experiência com os jogos teatrais no ensino de teatro me fez decidir pela pesquisa, em meu mestrado, das possíveis relações entre ambos, investigando formas de trabalhar a narrativa na experimentação do jogo teatral.

Analisei a proposta apresentada por Viola Spolin no livro *O Jogo Teatral no Livro do Diretor*, tanto na sua abrangência teórica, relacionando-o aos demais livros da autora e de outros autores que discutem o tema, como na experimentação com um grupo de alunos.

Na análise do primeiro capítulo do livro, Spolin apresenta alguns aspectos a serem observados, quando da preparação da montagem de uma peça teatral. A visão do espaço que o jogo pode ocupar nesse processo já havia sido por mim experimentada em anos anteriores, quando utilizei esses mesmos jogos. Conhecer os jogos através da experimentação, tanto como jogadora como coordenadora, foi um elemento fundamental para a elaboração desta proposta.

Entendi que o experimento com um grupo de alunos, com o qual eu pudesse vivenciar as propostas, de certo modo por mim já conhecidas, seria uma base de enriquecimento para esta discussão. Para tanto, escolhi uma escola pública que me abrisse a possibilidade da realização de tal experimento.

Em dezembro de 2000, entrei em contato com a direção da Escola Estadual Alves Cruz com a proposta de desenvolver um

curso de teatro extracurricular, que foi aceita sem nenhuma dificuldade ou discussão sobre a forma pela qual o trabalho seria feito, no que diz respeito à visão de teatro, objetivos teatrais e educacionais e metodologia de trabalho.

Acordamos o horário e período no qual o trabalho seria realizado e a forma de divulgação do mesmo junto aos alunos. A divulgação foi feita por mim, entrando nas salas para convidá-los para o trabalho.

O grupo se formou com os alunos que demonstraram interesse pelo curso e vieram para a inscrição. No primeiro contato conversamos sobre a proposta. Expliquei que o trabalho estava inserido em minha pesquisa de mestrado e combinamos o funcionamento do grupo, no que dizia respeito a horários e frequência, além de expor a intenção de apresentar uma peça no final do projeto, o que causou muita satisfação nos jovens.

A partir desse momento, o grupo se mostrou muito receptivo e interessado, demonstrando dar muito valor a essa oportunidade. Vários alunos comentaram que o fato de existir o curso de teatro era como receber um prêmio. Ficou evidente que o conhecimento possibilitado pela escola não lhes bastava, sendo necessária a existência de uma atividade que recompensasse o esforço de estudar.

Conversamos sobre suas expectativas e, em grande parte, o grupo expressou o desejo de vencer a timidez, de saber se expressar melhor, além da vontade de conhecer teatro.

O grupo de alunos foi composto por estudantes do ensino médio, sendo um deles ex-aluno da escola. No início, o grupo teve nove integrantes, permanecendo seis até o final da pesquisa. No decorrer do trabalho, foi escolhido um nome, grupo de teatro Pé Sujo. As referências a esse grupo serão feitas utilizando essa denominação.

Os encontros ocorreram no período da tarde, em um horário que possibilitava a participação de alunos do período da manhã e da noite. O espaço disponibilizado para as atividades foi uma sala usada, normalmente, para apresentações, palestras e atividades extracurriculares, que dispunha de

um bom espaço livre e um pequeno palco. A iluminação da sala contava, além das luzes gerais, com três *spots* que podiam ser direcionados para o espaço do palco.

Esse experimento foi realizado entre os meses de março e novembro, com encontros semanais de três horas de duração, tendo um intervalo de três semanas no mês de julho. A finalização do trabalho ocorreu em novembro, com a apresentação da peça resultante do processo para a comunidade escolar, seguida de dois encontros para avaliação.

O trabalho desenvolvido com o grupo de teatro Pé Sujo foi a base de reflexão para a temática aqui apresentada. Dessa forma, no primeiro e segundo capítulo discuto possibilidades de inserção do conto no ensino de teatro. Para tanto, apresento diversas definições sobre o conto de tradição oral, abordando a importância do narrador como figura de transmissão desse objeto da cultura.

No segundo capítulo apresento o processo de transcriação da narrativa do conto *O Pássaro Verde* para texto dramático, discutindo a importância dos jogos teatrais nesse caminho.

No terceiro capítulo analiso o livro *O Jogo Teatral no Livro do Diretor*, observando as possíveis relações do experimento com o grupo de teatro Pé Sujo. Apresento a proposta de Spolin para a utilização do jogo teatral como elemento para o processo de ensaio de uma peça teatral e discutindo sua inserção dentro do universo escolar.

No quarto capítulo apresento a maneira pela qual essa proposta foi realizada no presente experimento, refletindo sobre o aprendizado que foi possibilitado nesse processo.

No quinto capítulo examino a presença do teatro dentro da escola. Abordo a importância dessa linguagem artística para a formação humana, discutindo o conceito de felicidade na formação da pessoa e o papel do afeto para a obtenção de conhecimento. Nesse capítulo, também foi apresentado o processo de avaliação dentro do aprendizado escolar e o significado atribuído à apresentação no processo vivenciado pelo grupo.

O sexto capítulo é a conclusão desta pesquisa, enfocando a importância do acordo para o aprendizado.

Esta pesquisa, preparada e acompanhada de forma a tornar possível o registro das atividades e a observar e refletir sobre o tema proposto, definiu-se no decorrer dos acontecimentos, das experiências e das reflexões. Foi importantíssimo dialogar com os autores que participaram dessa discussão, fato que se verificará com a leitura deste livro.

Espero que esta reflexão possa gerar novas perspectivas para o teatro dentro da escola, enriquecendo a qualidade da formação do cidadão, com a busca de uma sociedade mais justa e feliz.

2. O CONTO DE TRADIÇÃO ORAL

Agora que o livro terminou, posso dizer que não foi uma alucinação, uma espécie de doença profissional. Tratou-se de uma confirmação de algo que já sabia desde o início, aquela coisa indefinida à qual me referia antes, aquela única convicção que me arrastava para a viagem entre as fábulas. E penso que seja isso: as fábulas são verdadeiras.

ÍTALO CALVINO

A escolha de trabalhar com um conto de tradição oral partiu da importância em escutar contos no decorrer da minha vida, especialmente na infância. Ter ouvido diversas histórias me possibilitou a construção de um imaginário povoado por todos esses personagens, lugares e feitos.

Só assim, descobrindo os livros pelos quais terão paixão, os autores que falarão por sua alma, é que os professores irão se

sentir apóstolos da literatura, capazes de transmitir aos outros sua boa-nova[1].

Fiz uma escolha que falasse à minha alma, com a qual eu me identificasse e que já fosse povoada de imagens e significados dentro de mim.

Além do interesse despertado pela experiência pessoal com os contos, a frequência com a qual eles são trabalhados dentro das escolas motivou-me essa escolha. Entendo que encontrar novas possibilidades de trabalho a serem desenvolvidas com essa forma narrativa, associada ao jogo teatral, pode ser uma fonte de reflexão para os professores, que possibilitará melhorar a qualidade desta associação: conto e teatro.

O estudo sobre o conto de tradição oral é vastíssimo e de grande complexidade. Ao tentarmos identificar as origens de um conto, nos deparamos com diversas coletâneas que, ao que parece, se originam no Oriente com registros espalhados por todo o mundo, nos mais diversos períodos da história humana.

Foram feitas várias tentativas de classificação dos contos e a mais citada é a de Aarne-Thompson, que possibilitou a enumeração dos contos maravilhosos conforme os tipos. As divisões podem ser apresentadas segundo o tema, os motivos, os enredos, as origens e outras que busquem uma organização desse material tão vasto e em permanente transformação.

Esse método classifica os 2.499 motivos em três grandes grupos: contos de animais, histórias populares e gracejos e anedotas, conforme classificação de Antti Aarne. Somou-se à de Stith Thompson, que dividiu os elementos da cultura popular em 24 séries, correspondentes às letras do alfabeto inglês, sendo que cada tema terá um número específico, criando o método Aarne-Thompson, utilizado como referência para comparação com outras coleções.

1. A. M. Machado, *Texturas*, p. 125.

No Brasil temos algumas coletâneas dedicadas ao conto popular brasileiro. Sílvio Romero, em *Folclore Brasileiro: Contos Populares do Brasil*, evidencia as semelhanças entre as diferentes versões dos contos, encontrados em várias regiões do Brasil e do mundo. Esse livro apresenta uma seleção de contos populares do Brasil, classificando-os em contos de origem europeia, origem indígena, origem africana e mestiça.

Ele mostra como a estrutura de vários contos se mantém, ainda que seja apresentado com personagens trocadas, tais como animais diferentes para narrar uma mesma história, variando, evidentemente, de acordo com a característica de cada região onde o conto é narrado.

Câmara Cascudo, em *Literatura Oral no Brasil*, apresenta algumas das tentativas de classificação dos contos, que irão variar conforme a sua origem, ciclos, períodos históricos ou personagens dos contos, apresentando sua divisão baseada nos gêneros.

A semelhança das narrativas pode ser percebida nas muitas versões sobre um mesmo conto – que encontramos também em *Contos Tradicionais do Brasil* –, através das relações estabelecidas entre os contos aqui recolhidos, com os de outras publicações e com a classificação de Aarne-Thompson.

Nesse livro, Câmara Cascudo apresenta o conto de tradição oral como um elemento vivo que mostra costumes, ideias e mentalidade da época no qual foi escrito, contado ou criado. As histórias colhidas mantém o vocabulário do contador, e é possível evidenciar o trânsito e as interferências dos contos das diferentes regiões e populações do país.

Segundo o autor, que apresenta os contos divididos em doze seções, eles têm como características: antiguidade, anonimato, divulgação e persistência.

Os motivos dos contos tradicionais são cinco, oito, dez mil, para todo o Mundo. As centenas de milhares que conhecemos e sabemos existir são combinações indefinidas desses motivos essenciais,

ambientes, pormenores típicos, situações psicológicas. Os contos variam infinitamente mas os fios são os mesmos. A ciência popular vai dispondo-os diferentemente. E são incontáveis e com a ilusão de originalidade[2].

Kátia Canton em *E o Príncipe Dançou...* discute as criações de dança que se basearam em contos de fadas e faz um histórico sobre eles, no qual demonstra que o conto de tradição oral terá muitas versões e não serão necessariamente originárias da oralidade popular, sendo em parte criações dos escritores que os declaravam como recolhidos de contadoras populares.

A apropriação burguesa dos contos populares de magia principiou nos séculos XIV e XV [...] As narrativas eram então consideradas vulgares e amorais, e foram alteradas e adaptadas para legitimar o status quo e propagar as virtudes de ordem, disciplina, asseio, laboriosidade[3].

A aproximação com o conto também será possível pela abordagem psicológica, que não leva em conta a classificação literária, mas sim o seu significado. Na psicanálise, Bettelheim analisa o papel do conto de fadas no desenvolvimento infantil, salientando a importância de que eles sejam contados nas suas versões mais antigas[4]. Toma como referência o trabalho desenvolvido pelos Irmãos Grimm, e propõe que as narrativas escolhidas não excluam a "feiura" das ações e desejos das personagens.

Von Franz em suas diversas publicações sobre o tema, aborda a importância do conto dentro da perspectiva junguiana, relacionando-os com os mitos e ritos e enfatizando a importância em analisar os contos na atualidade.

[As histórias] podem se desenvolver e ampliar, enriquecendo-se através do acréscimo de temas arquetípicos. Se elas são contadas

2. *Contos Tradicionais do Brasil*, p. 20.
3. *E o Príncipe Dançou...*, p. 32.
4. *A Psicanálise dos Contos de Fadas*.

por pessoas dotadas de imaginação e de um talento de contador de histórias elas podem se tornar muito bonitas[5].

Neste trabalho não nos deteremos na discussão da importância do conto na estrutura psicológica e tampouco faremos um histórico de sua origem, apesar de reconhecer o fascínio que tais investigações suscitam. O enfoque dado será da narrativa dentro do processo de aprendizagem teatral e de sua transformação em peça de teatro. Nesse sentido, buscaremos mostrar as formas pelas quais o conto *O Pássaro Verde*, uma história muito bonita já da primeira vez que o escutei, manteve essa característica em sua versão teatral, com o grupo de teatro Pé Sujo.

5. *A Interpretação dos Contos de Fadas*, p. 32.

3. DA NARRATIVA AO TEXTO DRAMÁTICO

A transformação do conto discutida neste capítulo terá como primeiro momento a narração, o segundo será a exploração do conto escrito, seguido do roteiro de cenas, para se concluir no texto dramático. Cada um desses passos foi intercalado com improvisações que tiveram como base os jogos teatrais.

O conto *O Pássaro Verde* tem origem italiana, isto é, a pessoa que me contou, minha avó, ouviu de sua avó, ambas italianas e, como já foi explicado na Introdução, eu o escutei com as duas línguas misturadas – português e italiano.

Não foi feita nenhuma pesquisa exaustiva para identificação de possíveis transcrições do mesmo, entretanto, pesquisando na edição brasileira de *Fábulas Italianas*, de Italo Calvino, não o encontrei. Na edição italiana, que contêm cerca de 120 contos a mais que na brasileira, encontrei esse conto com algumas variações na narrativa e intitulado *La*

colomba ladra[1]. Encontrei mais duas narrativas que apresentam elementos semelhantes ao conto *O Pássaro Verde*, sendo uma delas *O Príncipe-Canário*, que faz parte da seleção já citada de Calvino[2] e *O Papagaio Real* que se encontra em *Contos Tradicionais do Brasil*[3].

Em *O Papagaio Real* encontramos a mesma sequência de ações do príncipe-pássaro, que se banha em uma bacia d'água, transformando-se em homem. O que faz o príncipe se transformar em pássaro e novamente em homem em *O Príncipe-Canário* é o folhear de um livro encantado. Nas três histórias o pássaro se aproxima da princesa por uma janela, se transforma repetidas vezes em príncipe e é salvo por alguma ação da princesa.

Calvino, em *Fábulas Italianas*, selecionou os contos a partir de outras publicações feitas por pesquisadores das mais variadas regiões da Itália, que percorreram as vilas e cidades, recolhendo-os dos contadores.

Nessa seleção, Calvino optou por incluir os contos que melhor expressassem características especificas da narrativa italiana. Dentre as características por ele apresentadas, está a do "amor precário, que une dois mundos inconciliáveis, que tem sua prova na ausência; histórias de amantes incognoscíveis, que se encontram de verdade só no momento em que se perdem"[4].

O autor, em sua publicação, não fez uma transcrição literal do material selecionado, mesmo porque, na maior parte dos contos, foi necessária a transposição do dialeto no qual o conto foi registrado para o italiano.

O papel do contador de histórias é extremamente importante dentro da discussão sobre a escolha da utilização de um conto de tradição oral. Segundo a professora Maria Lúcia S. B. Pupo:

1. I. Calvino, *Fiabe Italiane*. Tive acesso a edição italiana de Calvino, apenas após o término do trabalho realizado junto ao grupo de alunos, portanto, não houve qualquer interferência na redação do conto.
2. *Fábulas Italianas*, p. 73-78.
3. L. da C. Cascudo, p. 74-76.
4. *Fábulas Italianas*, p. 33-34.

Benjamin nos lembra que a desvalorização da experiência transmitida oralmente é que acabou acarretando que o narrador se deslocasse do domínio da palavra viva e passasse a se confinar no campo da literatura. Se as marcas do discurso do contador têm uma multiplicidade de linguagens como referência, as do narrador são exclusivamente linguísticas[5].

Tendo esse entendimento da importância do papel do narrador, optei por contar ao invés de ler o conto. Essa opção deveu-se, inicialmente, ao fato de achar uma perda significativa abrir mão desse momento da narrativa. Ter experimentado o contato com os contos através de sua narrativa já seria razão suficiente para essa escolha, porém as muitas pesquisas que apontam a importância do narrador dentro do processo de conhecimento do conto só vieram reforçar essa opção. Dessa forma, o trabalho com o conto iniciou-se através de sua narrativa, feita por mim, para o grupo.

E para nós aí está a sua [do conto] verdadeira moral: à falta de liberdade da tradição popular, a essa lei não escrita pela qual só se concede ao povo repetir motivos ruminados, sem "criação" verdadeira, o narrador responde com uma espécie de esperteza instintiva: talvez ele próprio acredite fazer apenas variações sobre um tema; mas na realidade acaba por falar-nos daquilo que lhe vai no coração[6].

A narrativa oral me pareceu a única opção para que eu pudesse falar sobre o que me ia ao coração. Apesar dessa história já ter um espaço significativo dentro de mim, e da minha experiência se dar tanto ouvindo-a como contando-a, trabalhei por um período na elaboração da forma de contar antes de contá-la ao grupo.

Tal elaboração foi feita tanto no processo de transcrição da mesma, como pela ação de narrar para diversas pessoas. Isso me permitiu um maior domínio do meu gestual para cada momento narrado. Sem que fosse determinada por mim

5. *Palavras em Jogo*, p. 24.
6. I. Calvino, *Fábulas Italianas*.

nenhuma gestualidade, pude observar algumas repetições que se deram tanto no gesto como na escolha das palavras. O ritmo da narrativa foi o que mais pude explorar e transformar através dessas várias narrações que antecederam o trabalho com o grupo, pois foi possível observar as reações em cada uma delas e descobrir novos ritmos para cada momento do conto. Como explicita Pupo:

> O contador é visto como produtor de uma narrativa oral teatralizada; ele cria entre si mesmo e os múltiplos personagens que traz à tona uma relação de exterioridade, senão de estranheza. Seu papel é o de trazer ao público a palavra de um outro. O fato de ser uma testemunha que não se identifica com os personagens mostrados, no entanto, não o condena irremediavelmente a um estilo "neutro" ou "objetivo". Ele manifesta suas simpatias, faz comparações, tece conjecturas e assim por diante[7].

A apropriação do conto através do ato de contar se tornou evidente para mim por meio da forma narrativa e dos múltiplos significados obtidos através do estudo desenvolvido com o conto.

Ao contá-lo para o grupo de alunos, pudemos observar os significados que cada um dos participantes atribuiu à narrativa nesse primeiro contato.

Pedi que cada aluno escrevesse suas primeiras impressões do conto e escolhesse uma comida e um objeto que o simbolizassem. O registro escrito das impressões causadas pela escuta do conto possibilitou, em um primeiro momento, uma reflexão individual proporcionada pela escuta do conto. Esse material se mostrava necessário não apenas para um contato inicial, individualizado, com a narrativa, como para a presente pesquisa poder observar, no final do processo, as mudanças ocorridas quanto ao significado do conto para cada participante.

A comida e o objeto escolhido seriam apresentados através dos jogos "O Que Estou Comendo" e "Dificuldade com

7. Op. cit., p. 33.

Pequenos Objetos"[8]. Os alunos anotaram suas impressões nos seguintes comentários:

- *A minha impressão da história é que é um conto de fadas como todos os outros que eu conheço, porém este contém situações que eu jamais ouvi num conto de fadas, como construir um palácio e complicar o encontro só pra se vingar da mágoa passada. Comida: Sopa, Objeto: Espelho.* Solange.
- *Eu tive a impressão que se você ama alguém de verdade, você não pode reparar na aparência como o príncipe fez, deve é amar mais e mais pois ela sofreu pela amor dele e ele acabou a deixando só. Isso serve de lição para que ame e seja amado pois isso vale a pena. Comida: Nhoque, Objeto: Espelho.* Edmilson.
- *É super interessante como a princesa ficou pelo príncipe como foi capaz de ficar seis meses a pão e água por algum que nem tinha certeza que amava. O príncipe foi muito ignorante ao ver a princesa daquela maneira. Ela resolveu dar o troco de tudo que passou e valeu a pena porque ele se arrependeu. Comida: Macarrão, Objeto: Garrafa de Vinho.* Sidnéia
- *Percebi na história que a princesa ao passar por tudo que passou pelo príncipe, quis lhe "dar o troco", ou seja, mesmo o amando ela quis que ele sofra por ela, assim como ela sofreu, e ame como ela amou ou ama. Comida: Macarronada, Objeto: Espelho.* Mariana.
- *Essa história me trouxe a impressão de amor e ódio além de uma bela vingadinha. Comida: Pavê, Objeto: Faca de dois gumes.* Giovanni.

8. Todos os jogos citados são propostos por Viola Spolin. Explicarei cada um deles de forma resumida para que seja compreensível para o leitor o que foi realizado junto ao grupo. No jogo "O Que Estou Comendo", o jogador deve deixar claro a comida escolhida pelo ato de "comê-la". Em "Dificuldade com Pequenos Objetos", o jogador deve manipular um objeto que apresente dificuldade para a manipulação, tal como retirar uma tampa emperrada ou abrir um zíper emperrado.

- *As impressões que me deixou o texto foi de que nós somos como o príncipe e precisamos de uma princesa para nos ensinar, que o perdão traz a felicidade. Comida: Macarronada, Objeto: Caderno.* Daniel[9].

Nos comentários trazidos pelos alunos, observamos a atenção dada ao tema da vingança e da traição. Discutimos as impressões de cada um e ficou evidente o incômodo que causou a atitude do príncipe. A escolha das comidas se deveu em parte ao prazer na escuta do conto, boa parte dos alunos relatou escolher uma comida que gosta, pois a situação de escuta foi extremamente prazerosa. Essas impressões reforçam a visão da importância do narrador e do contato com o conto pela escuta.

A escolha do pavê, feita pelo Giovanni, deveu-se à associação com a vingança, pois "a vingança é um prato que se come frio", assim como o pavê. Na escolha dos objetos, o espelho foi o elemento mais marcante. O tema das relações amorosas é fundamental para o adolescente, o que pode ser confirmado no aspecto mais enfocado pelo grupo.

Em meu trabalho, como professora de teatro, observei a frequência com a qual esse tema é escolhido para os jogos ou montagens realizadas. O fato de ser um período da vida no qual boa parte dos alunos inicia sua experiência amorosa é marcante para que esse interesse seja revelado.

Após esse primeiro contato com o conto através da narrativa, seguimos a investigação tendo como base o conto transcrito[10].

9. Os textos dos alunos reproduzidos neste trabalho não sofreram interferências de minha parte, exceto quando o erro gramatical impediu a sua compreensão. Essa opção se deve ao fato de eu considerar importante a explicitação da forma escrita escolhida pelos alunos, não apenas para podermos identificar o domínio da língua, mas também pelos códigos linguísticos que esse grupo possui.

10. A escrita do conto foi feita, inicialmente, por mim a partir das anotações realizadas da narração de minha avó. A versão apresentada no Capítulo 1 é o resultado de diversos momentos de elaboração para que fosse possível encontrar uma forma escrita que traduzisse a intenção presente

A pesquisadora Linei Hirsh, em sua dissertação, discute o processo de transformação da narrativa literária para texto dramático. Apresenta a opção do termo transcrição em substituição à adaptação, já que transcrição contém as ideias de *transcodificação* e de *criação*[11].

A escolha de um termo que una os conceitos de transcodificação e de criação se deve ao entendimento de que a obra teatral que partiu de uma outra obra de origem "é aquela que percebe 'o ponto de chegada' como resultado de uma criação teatral verdadeira, sem amarras à obra que lhe deu origem, sem o 'ranço' de certos espetáculos que procuram ajustar, acomodar, amoldar"[12].

Nesse mesmo estudo, Hirsch apresenta os principais procedimentos que ocorrem na transcrição teatral, considerando que os mesmos não abrangem a totalidade das opções utilizadas. São eles: eliminação, condensação, ampliação, associação e fragmentação. No decorrer deste trabalho demonstrarei a utilização desses procedimentos.

Fazendo um paralelo com a situação escolar, no meu trabalho como professora de teatro, fiz diversas transcriações de textos com os quais trabalhei. As razões que me levaram a transformar um texto para usá-lo no trabalho com os alunos variaram de acordo com o grupo e o texto, mas podemos levantar alguns aspectos comuns.

Os motivos que se repetem nas várias situações escolares são o número de personagens em contraste com o número de alunos/atores e a extensão do texto. Na grande maioria dos grupos com os quais trabalhei, o número de personagens era menor que o de atores, o que provocava a necessidade de desdobramento de personagens ou criação de novas, adequadas à estrutura dramática.

no conto narrado, buscando, entretanto, uma formalização pertinente à escrita e não mais à narrativa oral.

11. *Transcrição Teatral.*
12. Idem, p. 24.

Outro problema presente em boa parte dos textos é o desequilíbrio entre as personagens, quanto à importância de cada uma na peça. Esse desequilíbrio, de maneira geral necessário para o desenvolvimento da trama, ocasiona um número excessivo de falas e presença nas cenas para umas poucas personagens, se comparadas com o todo da peça.

Essa questão é bastante conflitante dentro do grupo, uma vez que o interesse dos alunos, embora não seja homogêneo, é semelhante; já a frequência da presença em cena das personagens é, de maneira geral, desequilibrada, sendo necessário, muitas vezes, uma transcriação que atenda também a esse interesse. Sem a adequação, corre-se o risco de desaparecer o interesse dos alunos ou ser criada a visão de existirem alunos mais aptos ou mais importantes que outros[13].

O outro aspecto apontado, o tamanho dos textos, também é, frequentemente, um fator determinante para a necessidade de adaptação. Para que fosse possível trabalhar um texto longo em uma montagem escolar, seria necessário um tempo muito superior ao que é dado para o professor nas aulas de arte. Evidentemente não é possível trabalhar em uma mesma montagem mais do que um ano letivo, pois o interesse do grupo desaparece no meio das férias escolares. Dessa forma, quase sempre são necessários cortes de cenas ou de falas para que a montagem se viabilize sem que o interesse do grupo desapareça.

A complexidade da linguagem utilizada também é um fator a ser observado, pois, muitas vezes, o entendimento da história se perde devido a esse fator. Ao optarmos pela manutenção da linguagem, nos deparamos com a necessidade de aprofundar o período dedicado à compreensão do texto. Esse aspecto irá influenciar diretamente a forma do mesmo ser dito em cena.

Fazer escolhas para a adaptação de um texto, seja ele dramático ou não, é bastante complexo, para não dizer

13. Voltaremos a abordar essa questão mais adiante quando falarmos do trabalho dos jogos e das soluções encontradas com o grupo Pé Sujo.

sofrido. A principal dificuldade é saber o que retirar. O que é essencial no texto? Qual fala ou cena não é fundamental para a manutenção da estrutura narrada? Como saber se estou mantendo a poesia do texto com os cortes propostos?

Responder a todas essas questões é muito difícil e foi exatamente para ter um auxílio nessas respostas que nos utilizamos do trabalho de Propp, *Morfologia do Conto Maravilhoso*, no processo com *O Pássaro Verde*. Ao esclarecer os passos fundamentais para a estrutura de um conto e ter maior clareza quanto à importância das personagens, foi mais fácil fazer a transcriação.

O estudo morfológico apresentado por Propp nos permitiu um entendimento do conto, de sua estrutura e de suas personagens, sendo uma base de reflexão para as propostas desenvolvidas com o grupo de alunos, no processo de jogos teatrais com o conto e na escrita da transcriação do mesmo para teatro.

Em seu estudo sobre o conto maravilhoso, Propp apresenta uma base morfológica dos contos de magia, um estudo das formas do conto, estabelecendo leis que regem a sua disposição, a partir das funções das personagens.

Propp entende como função o "procedimento de uma personagem, definida do ponto de vista de sua importância para o desenrolar da ação"[14]. Entendendo que os contos seguem uma sequência de funções semelhantes, irá organizar a sua estrutura de acordo com elas. Nessa organização, vemos uma primeira sequência de funções denominadas como situação inicial, designado pela letra α. A elas se seguem 24 funções que serão designadas pelas letras do alfabeto, de A à W, tendo, em muitos casos, desdobramentos para cada uma delas.

Segundo Propp, podemos resumir a estrutura dramática do conto *O Pássaro Verde*, da seguinte forma:

- *Situação inicial*: Princesa completa quinze anos e ganha um espelho de seu pai.

14. *Morfologia do Conto Maravilhoso*, p. 26.

- *Dano* (A): Os três presentes recebidos por seu aniversário são roubados pelo pássaro verde. Observamos que o roubo ocorre três vezes, o que não significa uma nova função, mas apenas um elemento de triplicação da mesma função, que somados terminam por caracterizá-la[15].
- *Carência* (a): A princesa adoece de tristeza.
- *Mediação* (B): A princesa toma conhecimento do pássaro-príncipe por intermédio do menino tonto.
- *O herói é submetido a uma prova* (D): Princesa permanece sete anos no nicho[16].
- *Reação do herói* (E): Princesa sai do castelo após ser rejeitada e abandonada pelo príncipe.
- *Fornecimento e recepção do meio mágico* (F): Princesa recebe a bolsa cheia de moedas de ouro.
- *Tarefa difícil* (M): Príncipe tenta casar com a princesa, pedindo-lhe a mão em casamento, construindo a ponte de cristal e passando-se por morto.
- *Reconhecimento* (Q): Príncipe reconhece a princesa.
- *Casamento* (W): Príncipe e princesa se casam.

Nesse mesmo estudo, Propp distribuirá as funções entre as personagens, agrupando-as em esferas de ação, que são de: Antagonista, Doador, Auxiliar, Princesa e Seu Pai, Mandante, Herói e Falso Herói. Para definirmos quais personagens se encontram em cada uma das esferas devemos considerar que a distribuição das personagens nas esferas poderá se dar de três maneiras. Na primeira, a esfera de ação corresponde exatamente à personagem, na segunda, uma personagem ocupa várias esferas de ação e

15. Idem, p. 67-68.
16. Embora entenda a velha na função de doador, a definição de Propp para a primeira função do doador esclarece a razão de haver colocado a ação da princesa para essa função: *O herói é submetido a uma prova; a um questionário; a um ataque etc., que o preparam para receber um meio ou um auxiliar mágico.* Idem, p. 41.

na terceira, uma única esfera de ação se divide entre várias personagens[17].

Antes da realização da transcriação do conto *O Pássaro Verde* para o teatro, fiz a análise das personagens presentes no conto conforme as esferas de ação propostas por Propp.

Ao definir a personagem que ocupa a esfera de ação do Herói, nos deparamos com uma característica bastante atípica dentro dos contos, já que o herói nesse conto é a princesa. É ela quem parte para realizar a procura, quem reage às exigências do doador e que termina a sua busca com o casamento. É um herói-vítima, já que também é ela quem sofre o dano e a carência.

Canton, em *E o Príncipe Dançou...*, demonstra a forma pela qual as transcrições dos contos de fadas feitas no séc. XVIII, especialmente por Charles Perrault, irão pregar uma moral da mulher submissa, frágil, com padrões a serem seguidos. Em *O Pássaro Verde* nos deparamos com uma visão da mulher bastante diferenciada, já que é ela quem assume as ações determinantes para o desenrolar da história.

A esfera de ação do Antagonista será ocupada pelo príncipe, que além de antagonista também é o objeto de desejo do herói, transformando-se do pássaro que causa o dano e a carência na princesa, em príncipe que a ama, a despreza e volta a amá-la, terminando por casar-se com ela.

A esfera de ação do Doador é ocupada pela velha, que dá para a princesa o objeto mágico (bolsa) e faz com que ela volte a ficar bonita e saudável.

A esfera de ação do Auxiliar é ocupada por duas personagens, sendo a primeira, o menino tonto que descobre o pássaro verde e conta toda a história para a princesa, levando-a ao local onde ela poderá encontrar o príncipe-pássaro; e a segunda, a bolsa mágica que possibilita à princesa a construção do palácio e nele viver.

17. Idem, p. 73-75.

A esfera de ação da Princesa e Seu Pai é ocupada inicialmente pela própria princesa e o rei e, posteriormente, pelo príncipe, já que ele é a personagem procurada.

A esfera de ação do Mandante é ocupada pelo rei, pai da princesa, já que ele é quem anuncia a necessidade de alguém que possa divertir a princesa, fazendo com que a carência estabelecida pelos roubos dos presentes deixe de existir. O rei, entretanto, não envia nenhum herói em busca dos objetos roubados; nesse sentido, a princesa, visto que é o herói, se coloca em movimento e sai em busca de seu objeto de desejo: o príncipe que a ama.

Não identificamos nenhuma personagem que se coloque na esfera de ação do Falso Herói.

Re-tecendo, Re-escrevendo: A Exploração do Texto Escrito

Apesar do auxílio importantíssimo de Propp, foram os jogos teatrais que possibilitaram a forma dramatúrgica criada junto ao grupo Pé Sujo. Nas improvisações realizadas, construímos e reconstruímos o conto. Estabeleço um paralelo com o entendimento proposto por Machado sobre Penélope, da *Odisseia*:

> o que acontece é que ela está experimentando criar sua própria história no tear, de cada vez tecendo uma coisa diferente, ensaiando, fazendo várias versões, re-tecendo, re-escrevendo, porque é uma história que nunca tinha sido escrita antes. A história de uma mulher que tem uma escolha[18].

Através do jogo teatral foi possível experimentar o nosso entendimento sobre o conto e escolher qual história queríamos contar, quais as formas teatrais e como estruturaríamos o texto dramático.

18. *Texturas*, p. 40.

Após o primeiro contato com o conto, ao narrá-lo, começamos a trabalhar no texto[19] por meio de jogos teatrais que levassem à sua compreensão e verbalização. Já havíamos explorado o conto tendo como referência a narrativa e passamos, então, para o segundo momento, quando o grupo tinha a narrativa escrita nas mãos.

A exploração do texto escrito possibilitou a multiplicidade de entendimento e domínio da história, elementos que deram liberdade aos participantes para se desprender da necessidade do papel e ter claro a estrutura narrada.

Demos início, então, a uma aproximação do conto, partindo das ações, dos espaços e das personagens presentes; o "Que, Onde e Quem", propostos como estrutura dramática do jogo teatral por Spolin, em *Improvisação para o Teatro*. Realizamos o jogo "Siga o Seguidor"[20] de forma que as ações propostas fossem narrando o conto.

As ações escolhidas foram: olhar no espelho, chorar, colocar a fita no cabelo, se ferir com a pétala, sofrer (príncipe doente), tirar o véu, reconhecer, pedir perdão, se entender e comer docinhos. Como pode ser observado, as quatro primeiras ações estavam ligadas à princesa, a quinta, ao príncipe, a sexta, à princesa, a sétima e oitava, ao príncipe e as duas últimas, aos dois. Continuamos o trabalho com jogos que explorassem as ações presentes no conto e fizemos uma lista de todas as ações que ocorriam no decorrer da narrativa.

Nesse primeiro momento de exploração das ações, houve um salto significativo da narrativa, já que após a ação de colocar a fita no cabelo, o jogador seguinte escolheu como ação se ferir com a pétala, excluindo dessa forma todo o sofrimento da princesa, a descoberta do príncipe, o período passado no nicho e o primeiro pedido de casamento.

19. Ver, supra, capítulo 1.

20. Esse é um dos jogos propostos por Viola Spolin, no qual uma pessoa propõe uma ação que deverá ser seguida pelos demais jogadores, a troca do proponente se dá sem nenhuma interferência do coordenador e sem nenhuma combinação prévia dos jogadores. Todos irão propor e seguir.

Essa exclusão gerou no grupo uma enorme surpresa, porém como a regra do jogo estabelecia que não era possível retornar para a descrição linear da narrativa, foi dada continuidade com toda essa lacuna, que foi devidamente comentada na avaliação.

Depois de trabalhar com as ações presentes, exploramos os espaços. O primeiro jogo que exploramos foi o jogo "Do Onde"[21]. Os espaços escolhidos foram: a ponte de cristal e o quarto do príncipe. Nesse primeiro jogo com o espaço, nenhum deles deveria assumir qualquer personagem do conto, o que resultou em ações completamente distintas das narradas pelo conto.

Observamos quais os espaços da narrativa haviam aparecido no jogo e elencamos todos os demais, sendo: quarto da princesa (no palácio de seu pai); sala do palácio do rei, pai da princesa; floresta; quarto do príncipe; nicho; rua do reino do príncipe; construção; sala do palácio do príncipe; sala do palácio da princesa; ponte de cristal; igreja; salão de festa do palácio do príncipe.

Ao colocar os espaços em ordem de aparecimento no conto, percebemos que alguns deles se repetiam várias vezes e desenhamos um cenário para cada espaço.

O próximo enfoque dado foi ao *Quem*, através da exploração das personagens do conto. Exploramos a modelagem de cada uma das personagens: dois jogadores deveriam modelar um terceiro, caracterizando-o como uma das personagens do conto. Após a caracterização, que incluía o gesto da personagem, a plateia deveria identificá-la. Fizemos esse jogo até que todos os participantes tivessem sido modelados. As caracterizações foram muito interessantes, apesar da falta de recursos, já que utilizamos somente materiais e roupas que eles usavam.

21. No "Jogo do Onde", os jogadores devem escolher um espaço, desenhá-lo e improvisar nele. Esse desenho deverá ficar visível para que os jogadores possam recorrer a ele sempre que se esqueçam da disposição do local definido pelo grupo.

No momento em que a plateia identificava a personagem, ela também definia suas características. As personagens modeladas foram: velha de hoje em dia; rei dos sem-terra; menino de rua pobre; rainha esnobe, com a época indefinida; pássaro gay feio; princesa descolada de hoje em dia.

As definições de quais características teriam cada uma das personagens denota a aproximação estabelecida entre o conto e o cotidiano dos alunos. Na caracterização observamos diversos elementos do universo do grupo, além do questionamento de estereótipos presentes para cada uma dessas personagens.

A generalização das personagens apresentadas no conto possibilita uma aproximação com o universo de cada aluno, conforme nos explicita Pupo:

> Os contos maravilhosos têm como característica fundamental o fato de transportarem de imediato o leitor a um universo completamente diferente do nosso, tanto no nível dos seus seres, quanto das leis que o regem, sem que isto constitua, no entanto, um objeto de surpresa. O leitor se depara com uma indeterminação completa em termos espaciais e temporais.
>
> Seus heróis não são individualizados; têm uma função ou um nome, mas não possuem sobrenome, por exemplo. São caracterizados de modo física e moralmente genéricos; não são retratados, mas esboçados[22].

Essa liberdade de caracterização que o conto apresenta pode, através do jogo, gerar a multiplicidade de soluções para as características de cada personagem.

Pela manutenção de algumas das soluções dadas pelos filmes e ilustrações dos contos de fadas, poderíamos nos deparar com a simples repetição dessas versões. Entretanto, a experimentação realizada com os jogos já havia criado no grupo condições de extrapolar as soluções estereotipadas, podendo estabelecer um significado particular à esse grupo.

22. Op. cit., p. 41.

Por exemplo, a adaptação da linguagem referente à personagem do menino tonto foi tão forte, que permaneceu como marca até o momento da apresentação da peça e também foi responsável pela escolha das falas dessa personagem: "Cara, que maluquice é essa?" "Olha só!" "Mas como é que essa lenha tá subindo aí sozinha?" "Ei!" "Tem alguém aí?" "Não tem não!" ou "Combinado realeza!" O uso de gírias e expressões utilizadas por adolescentes se deveu à caracterização resultante do jogo.

Com a realização dos jogos que exploraram a ação, o espaço e as personagens do conto, cada um dos alunos contou novamente o conto, na perspectiva de uma das personagens. Pupo explica a relação estabelecida entre o narrador e os aspectos presentes em sua atuação:

> Quando se expõe fisicamente diante do público, o jogador-narrador se defronta com todas as questões de atuação teatral; seu corpo passa a significar tanto quanto significam os corpos dos jogadores-personagens. As variações de seu olhar, sua movimentação, a qualidade da concentração, a diversidade da emissão vocal não podem deixar de ser lidos e interpretados pela plateia[23].

Para que cada um pudesse narrar o conto sob o ponto de vista da personagem, foi necessário assumir não apenas a visão daquela personagem como também sua gestualidade e sua linguagem. Essa forma de narrar possibilitou a exploração do conto sob os vários ângulos, das diferentes personagens e, também, de como cada um dos alunos estava vivenciando o conto até aquele momento.

Ao serem questionados sobre se houve mudanças na própria visão do conto de fadas, deram as seguintes respostas[24]:

23. Idem, p. 87.

24. No final de todo o processo de trabalho, realizamos uma avaliação também composta de um questionário. Dentre as perguntas, foi feita esta que deu origem às respostas apresentadas: A tua visão sobre o conto de fadas mudou com esse trabalho?

- *Sim, e muito, antes eu pensava nas princesas sofredoras com as madrastas e com esse conto vi uma bem diferente.* Mariana.
- *Sim pois você esta compondo esse conto e se torna parte de você.* Edmilson
- *Mudou. Achei eles bem mais legais. Agradáveis e interessantes.* Priscila.
- *Mudou, pois eu vi que representar um conto exige muito mais do apenas ver.* Daniel.
- *Com certeza, hoje eu tenho outra visão sobre os contos, e o que eu mais fiquei surpresa foi da diversidade que ele oferece para o teatro.* Solange.
- *Trabalhar com o conto foi legal, pois foi o primeiro texto com que trabalhei e coisas do gênero, nesse conto não há nem bom nem mau, muito legal.* Giovanni.

Pelo depoimento dos alunos observamos que esse trabalho gerou uma nova compreensão das possibilidades de entendimento deste conto e consequentemente dos demais contos conhecidos pelo grupo. Observamos na fala da Mariana a ruptura estabelecida com o estereótipo da princesa delicada, frágil e indefesa, em oposição à madrasta má. Esse questionamento pode ser confirmado no depoimento do Giovanni ao dizer que *neste conto não há nem bom, nem mau.*

Estrutura Dramática

Demos continuidade ao trabalho com os jogos teatrais para a experimentação do conto, estabelecendo relações entre o "Onde, o Quem e o O Que". Dessas experimentações, chegamos a algumas definições sobre a estrutura dramática desejada pelo grupo e sobre o que contaríamos através dessa montagem.

Questionei o grupo sobre quais relações estabeleciam entre o conto e a atualidade. Foram apontados os seguintes

aspectos: dependência dos filhos em relação aos pais; diferenças sociais; amor; pai mimar a filha; ajuda da velha – solidariedade; tolerância; sofrimento para a conquista e vingança.

Sobre a vingança ser o que move a princesa houve um grande debate, já que parte do grupo viu as ações dela como vingança e outra parte não.

O grupo decidiu contar uma história de amor, explicando através da peça o processo para que o amor aconteça e de que forma o sofrimento foi necessário para que eles, príncipe e princesa, ficassem juntos.

Foi questionado em que tempo gostaríamos que a peça se passasse, se na atualidade ou no tempo do conto de fadas e definimos que nos utilizaríamos dos dois tempos, misturando as possibilidades. Embora seja bastante indefinido o tempo dos contos de fadas, a referência presente para o grupo é a apresentada pelos filmes da Walt Disney.

Ficou definido também que manteríamos a presença do narrador. Discutimos amplamente as possibilidades, estabelecendo relações e significados para o conto e para os jogos que havíamos feito a partir dele. O melhor exemplo entre um espaço do conto e da atualidade foi a definição de que o nicho poderia ser representado como o casamento, no qual a mulher cuida da casa sem parar, ficando presa a ela.

Roteiro de Cenas

Depois de todas essas decisões, o passo seguinte foi jogar partindo de um roteiro de cenas levado por mim. O roteiro foi definido principalmente pelas ações contidas na história, de forma bem detalhada e com cada cena contendo apenas uma ação da narrativa. A elaboração do roteiro ocorreu após a realização dos jogos com o texto narrativo.

Roteiro para *O Pássaro Verde*

Personagens:

Narradores
Princesa
Príncipe
Rei (pai da princesa)
Rei (pai do príncipe)
Menino tonto
Velha
Mordomo

Personagens Coletivas:

Bobos da corte
Povo do reino
Virgens

Cena 1

Os narradores apresentam as personagens e dizem que a princesa fez quinze anos.

Cena 2

O Rei dá o espelho para a princesa. Deixar claro a tranquilidade reinante até então e a mudança de momento de vida da princesa, isto é: ter deixado de ser criança.

Cena 3

Roubo do espelho pelo pássaro.

Cena 4

A princesa se surpreende, lamenta a perda do objeto tão importante.

Cena 5

A princesa ganha o pente e está se penteando.

Cena 6

O pássaro rouba o pente e a princesa se entristece muito, se questiona sobre tudo aquilo, sobre a razão de todos aqueles roubos.

Cena 7

A princesa ganha a fita para o cabelo.

Cena 8

O pássaro rouba a fita no momento em que a princesa a está colocando.

Cena 9

O narrador explica que a princesa está muito doente. No meio da sua narrativa entra o arauto para informar a decisão do rei.

Cena 10

A princesa já está doente, na cama, o rei tenta animá-la, entram os bobos da corte para tentar distraí-la. A princesa não reage a ninguém.

Cena 11

O narrador explica que ninguém, até agora, havia conseguido distrair a princesa e começa a explicar a existência do tonto, enquanto ele vai falando, o tonto vai aparecendo e agindo conforme as coisas que o narrador narra. Os objetos não aparecem, mas a reação do tonto faz com que estes se tornem presentes.

Cena 12

O menino contando para a princesa o que viu. A cena mostra os dias passando e o menino contando tudo novamente. A princesa pede que ele a leve ao local onde viu a carroça em troca de uma bolsa cheia de moedas de ouro.

Cena 13

A princesa está debaixo da cama, o pássaro entra e se transforma em príncipe, beija os objetos e ela sai de debaixo da cama e declara o seu amor, concordando em ficar no nicho por sete anos.

Cena 14

A princesa no nicho. A princesa fica parada enquanto outras mulheres vão fazendo serviços de casa de forma repetida, várias vezes, tornando visível o passar do tempo.

Cena 15

O príncipe abre a porta do nicho e a princesa cai no chão. O príncipe sai e a deixa só, ela vai rastejando e depois andando até a rua e senta no meio-fio, chorando.

Cena 16

A velha se aproxima e pergunta o que ela tem, ela explica tudo o que aconteceu e a velha lhe dá uma bolsa cheia de dinheiro, que nunca acaba, e a deixa bonita novamente.

Cena 17

O narrador explica que a princesa construiu um palácio na frente do palácio do príncipe e para lá se mudou, fazendo com que o príncipe se apaixonasse por ela, sem reconhecê-la.

Cena 18

O príncipe olha o palácio, procurando a princesa, entra o rei (seu pai) e o príncipe o convence a pedir a mão da princesa em casamento.

Cena 19

O rei volta ao palácio e explica para o filho que a princesa não aceitou o pedido e o fez esperar por muito tempo até recebê-lo.

Cena 20

O príncipe tenta ver a princesa e falar com ela, entra o rei. Príncipe convence o rei a pedi-la em casamento novamente.

Cena 21

O narrador explica que a princesa aceitou, colocando como condição a construção da ponte de cristal entre os dois palácios.

Cena 22

Casamento. A princesa vai passando pela ponte e volta, por ter sido ferida por uma pétala. Príncipe fica arrasado.

Cena 23

O rei gritando com o príncipe, que anda atrás do rei implorando que volte a pedir a mão da princesa. Nessa cena se vê o desânimo do príncipe e a sua cara de doente.

Cena 24

O rei e a princesa conversando: a princesa fica de costas todo o tempo, só se vê o rei.

A princesa aceita o casamento, com a condição de que seja no meio de um funeral falso do príncipe.

Cena 25

O narrador explica que o rei concordou com tudo, que a notícia da doença do príncipe se espalhou pelo reino e depois a notícia da morte, ocorrendo então o funeral. O narrador vai explicando, enquanto todos vão entrando com o príncipe, que está sendo carregado, e o colocam para ser velado. Todos ficam chorando e se lamentando ao seu lado.

Cena 26

A princesa entra na igreja e vai até o caixão, onde despreza o príncipe com a mesma frase utilizada por ele quando abriu o nicho. O príncipe, então, a reconhece, eles se entendem e explicam tudo ao rei.

Cena 27

O narrador conta que eles se casam e vivem felizes para sempre.

As personagens presentes no roteiro foram as que permaneceram na versão dramática, excetuando o mordomo, a rainha (mãe da princesa), os operários, o servo do príncipe e todos os empregados do castelo da princesa que estão implícitos na narrativa. Todas essas exclusões se devem ao fato de havermos considerado tais personagens desnecessárias à estrutura dramática, sem nenhuma inserção significativa, podendo dessa forma ser excluídas, não ocasionando nenhuma perda.

Levando em conta que "o pressuposto fundamental dessa investigação é o de que o texto traz em seu bojo múltiplas possibilidades de significado a serem exploradas pelo grupo que se dispuser a jogá-lo teatralmente"[25], o roteiro foi apresentado ao grupo e, junto com ele, foi sugerido um jogo para cada uma das cenas. Todos os jogos sugeridos já haviam sido experimentados anteriormente com o grupo.

Partindo dessa mesma ideia apresentada por Pupo, exploramos o roteiro com os jogos de tal forma que a história narrada e o seu texto, com o qual havíamos trabalhado, pudessem, através do jogo, elucidar quais as possíveis relações com o cotidiano dos alunos e com o que gostaríamos de contar nessa apresentação.

Relato, a seguir, algumas cenas exploradas, que, pelo jogo, tiveram a estrutura do texto dramático definida.

Para a cena 14, na qual a princesa está presa no nicho, foi proposto o "Jogo do Espelho"[26]. Como já havíamos comentado com o grupo a relação entre a situação da princesa e mulheres donas de casa, a cena estava composta pela princesa no nicho e por mulheres fazendo serviços de casa, e

25. M. L. de S. B. Pupo, op. cit., p. 7.
26. Nesse jogo os jogadores deverão espelhar a ação um do outro.

o jogo foi proposto para as mulheres donas de casa, o que funcionou muito bem, criando relação entre os jogadores e fazendo com que muitas ações aparecessem. A princesa, por estar no nicho, foi ficando cada vez mais entediada e conforme o jogo se realizou ela ficou mais e mais caída.

A realização desse jogo fez com que esse momento da história ficasse sem nenhuma fala das personagens, já que, ao incluirmos as personagens das donas de casa, estabelecemos um diálogo entre o momento vivido pela princesa e o cotidiano de muitas mulheres atualmente. A gestualidade das personagens foi trabalhada pelo ato de jogar. Segundo Koudela:

> Identificamos no sistema de jogos teatrais a possibilidade de trabalhar com o significado do gesto. O processo se fundamenta no jogo e na ação improvisada. O que diferencia o método é a sequência gradual de problemas solucionados, que levam não apenas à liberação da ação lúdica, mas também à decodificação da estrutura da linguagem[27].

Os gestos criados para essa cena já continham em si as informações necessárias para a compreensão da narrativa e ampliaram a visão apresentada pelo conto com a relação estabelecida pelo grupo.

Na cena 18, na qual o príncipe está olhando para o castelo da princesa, entra o rei e o príncipe o convence a pedi-la em casamento, foi proposto o jogo "Que Horas São?[28]" A ação de olhar para o palácio ficou presente nas duas vezes que realizamos o jogo, porém em uma delas não foi possível identificar a hora do dia. Na segunda vez que foi escolhida a madrugada como hora, ficou muito claro e a conversa entre as personagens fluiu com tranquilidade.

Ao escrevermos essa cena, definimos a madrugada como o horário no qual ela acontece e o diálogo entre o rei e o

27. *Jogos Teatrais*, p. 45.

28. Nesse jogo a hora do dia deve ficar evidenciada pelas ações das personagens.

príncipe ficou tendo como base esse momento. Essa caracterização, além de estabelecer as frases utilizadas, também elucida com muito mais clareza a intensidade da paixão vivida pelo príncipe, já que fica implícito que ele perde o sono na tentativa de olhar para a princesa. Essa definição possibilitou a ausência de outros momentos que explicassem, com maior detalhamento, o sofrimento do príncipe por seu amor pela princesa.

Como enfatiza Hirsch:

> O espetáculo teatral dispõe de um apelo sensorial (visual e sonoro) que o livro não tem. Logo, as descrições, via de regra, são o testemunho daquilo que "viu" e "ouviu" o narrador da fábula. Essas descrições, em sua maioria, são o suporte do figurino, da cenografia, da iluminação, da sonoplastia e da composição das personagens[29].

Nesse momento da história, pudemos contar não apenas com os elementos que o espetáculo teatral dispõe, tais como iluminação e figurino, mas também com a escolha de um horário para a realização da cena que traduziu aspectos da narrativa, perceptíveis na frase escolhida pelo rei para iniciar essa cena: "Mas o que você tá fazendo aqui a estas horas?"

A exploração do roteiro, mantendo-se a liberdade da escolha de qual jogador se colocaria no papel de qualquer personagem, deu, não apenas a possibilidade de ruptura da ideia de atores principais, melhores e mais capacitados, como também de um entendimento diferenciado de cada uma das personagens e da história contada.

Embora tenha sido feita a opção de que cada um dos participantes assumisse uma das personagens para a construção e apresentação da peça, essa exploração com a troca das personagens deu a todos a noção da flexibilidade possível em uma encenação.

A sequência de jogos partindo do roteiro de cenas, somada às diversas experimentações com o conto, foi a base para a transcriação do conto para o teatro. Da narrativa

29. Op. cit., p. 36.

oral, passamos para o trabalho com o texto transcrito para o papel, que por intermédio do jogo teatral se transformou em texto dramático, apresentado ao final deste capítulo.

A compreensão do conto *O Pássaro Verde* foi se transformando no decorrer do processo. O entendimento das relações amorosas, o conceito de perdão e vingança foram diversas vezes discutidos e novos significados foram atribuídos. O entendimento dessa história foi construído com a realização dos jogos e a reflexão sobre cada momento desse processo vivido por todo o grupo.

Texto Dramático

Chegamos então ao último momento de transformação da história. O passo seguinte para a exploração do roteiro através dos jogos foi a definição do texto dramático, com uma formalização que se aproximaria do texto a ser dito no momento da apresentação da peça.

O texto dramático foi feito por mim e apresentado para o grupo. A opção da escrita do texto não ser coletiva se deveu, fundamentalmente, a dois fatores: o tempo necessário para a realização de uma escrita coletiva era incompatível com o tempo de que dispúnhamos; e a dificuldade com a linguagem solicitaria um trabalho amplo junto ao grupo para que todos pudessem de fato participar da elaboração, o que não era foco desta pesquisa. Como a proposta era de continuarmos com a montagem da peça com os jogos teatrais, a possibilidade de transformação de parte das frases definidas no texto era bastante alta.

A construção do texto dramático e o entendimento de sua estrutura também podem ser avaliados através das respostas à pergunta: A tua visão sobre um texto teatral mudou com esse trabalho?

- *Pra falar a verdade eu nunca tinha pensado em como era um texto teatral... mas eu o vejo como um diálogo que*

se for só decorado fica frio, preciso entender o sentido da frase de cada palavra... Mariana.

- *De certa maneira sim pois tive uma visão mais ampla do que é teatro.* Edmilson.
- *Mudou, achava que era bem mais difícil. Mas com o tempo você pega o jeito, adora e não quer mais parar.* Priscila.
- *Minha visão mudou pouco, pois eu achava que o que estávamos fazendo, já era por mim esperado.* Daniel.
- *Sim mudou completamente hoje eu tenho outra visão sobre um texto teatral!* Solange.
- *Sim, pois o texto teatral tem aquele negócio de :*
  Fulano: -------
  Cicrano: ---------, é muito diferente. Giovanni.

Os depoimentos evidenciam o pouco conhecimento da forma do texto dramatúrgico. A visão da estrutura do texto através dos diálogos era escassa para cada um dos integrantes, o que denota o pouco contato com a literatura teatral.

Entendo que, através da exploração do conto com o jogo teatral, foi possível redimensionar o seu significado. Desde a forma encontrada para narrá-lo, passando pela transcrição do oral para o escrito, o roteiro das cenas, até o texto dramático, esse conto foi recontextualizado, refletindo as opiniões, dúvidas, questionamentos, posições e o momento histórico do grupo que participou desse projeto.

Kátia Canton nos fala da descontextualização sofrida pelo conto de fadas:

> Com a apropriação pelas editoras, pela indústria publicitária e de entretenimento, o conto de fadas se tornou mitificado. Foi desistoricizado e esvaziado de autoria, contexto e ideologia. O conto de fadas se tornou um mito e foi preservado coletiva e anonimamente, e seus traços históricos, culturais e ideológicos foram transformados no "natural", ou seja, foram neutralizados. O conto de fadas foi

expropriado e corrompido pela indústria cultural para se tornar atemporal, universal, o bom senso, a norma[30].

O trabalho com o jogo teatral possibilitou ao grupo um novo entendimento do conto de fadas, deixando que *O Pássaro Verde* dialogasse com o cotidiano de cada um. Nos envolvemos nessa história, de forma que fosse possível recriá-la, transformando-a em uma história nossa, de todo o grupo. "Nos dias frios de inverno, com vento e neblina, fui cada vez mais me enrolando e aquecendo no tecido daqueles textos"[31].

Os nossos dias não foram apenas de inverno, passamos por todas as estações do ano e, se considerar o primeiro momento da narrativa desse conto, diria dos muitos anos, mas me sinto igualmente enrolada e aquecida por essas histórias: a que foi ponto de partida, o texto dramático e a montagem teatral resultante de todo esse processo.

Texto Dramático – O Pássaro Verde

Transcriação para teatro
Lelê Ancona

Personagens:
Princesa
Príncipe
Rei (pai da princesa)
Rei (pai do príncipe)
Velha
Menino
Arauto
Narrador

30. Op. cit., p. 59.
31. A. M. Machado, op. cit., p. 20.

Personagens Coletivas:

Bobos da corte
Povo
Virgem
Donas de casa

Cena 1

NARRADOR: Era uma vez um reino que tinha uma princesa muito bonita. Ela vivia com seus pais, que a amavam muito, como é costume acontecer entre pais e filhos. Chegou então o dia em que ela fez quinze anos e... Olhem lá! Lá está a princesa!

Princesa em seu quarto. Entra o Rei.

REI: Filha.
PRINCESA: Oi, pai.
REI: Tenho uma surpresa pra você.
PRINCESA: Oba! O que é?
REI: É o teu presente de aniversário.
PRINCESA: Uau! Que legal, pai. Vou ganhar agora?
REI: Vai, mas vai ter que adivinhar. Fecha os olhos!
PRINCESA: Pronto, pode me dar!
REI: Cuidado, não deixe cair, pode quebrar.
PRINCESA: Posso abrir?
REI: Abre, abre. Acho que você vai gostar, acho que é perfeito para uma moça. Eu diria que é necessário para uma mulher.
PRINCESA: Então vou adorar, afinal hoje posso dizer que virei mulher!
REI: Então?
PRINCESA: É quadrado, tem pecinhas e uma parte lisa! O que é? Me dá mais uma dica!
REI: É um presente que vai te ajudar a ver com que forma você vai ser mulher.
PRINCESA: Um espelho! Acertei?
REI: Abre os olhos e veja.

PRINCESA: Que lindo pai! Com um espelho desses eu vou ficar mais bonita, ele é lindo demais!

REI: Tinha que ser um à altura da tua beleza.

PRINCESA: Obrigada.

REI: Gostou?

PRINCESA: Adorei! Adorei mesmo! Dá mais vontade de se olhar, fico mais bonita aqui.

REI: Então aproveita, fique aí se admirando que eu volto mais tarde.

Rei sai do quarto. Princesa está se olhando no espelho, entra o Pássaro Verde e leva o espelho dela.

PRINCESA: Ei, não! O que você tá fazendo? Volta aqui! O que é isso! Esse espelho é meu, meu presente de quinze anos!

Princesa fica no quarto, triste, indignada com o roubo. Entra o Rei.

REI: Filha, deixa disso, um espelho não vale a tua alegria.

PRINCESA: Não era um espelho, era o meu espelho. O espelho que você me deu pelos meus quinze anos!

REI: Pois agora vou te dar outro presente, assim você esquece o espelho.

PRINCESA: Esquecer não vou, mas outro presente é bem legal!

REI: Aqui está!

PRINCESA: Nossa! Pai! Que demais esse pente! É incrível, você conseguiu um presente tão legal quanto o espelho!

REI: Sabia que você gostaria. Agora vai ter os cabelos mais bem penteados do reino.

PRINCESA: Vou começar agora mesmo!

REI: Fico feliz por te ver contente novamente, não aguentava mais aquela cara de fim de mundo! Até já.

PRINCESA: Até!

Rei sai do quarto.

PRINCESA: Obrigada, pai!

Princesa vai para a frente do espelho e fica se penteando. Entra o Pássaro Verde sem ser visto e leva o pente de suas mãos.

PRINCESA: Não, não, não! Esse também não! Por que você tá fazendo isso? Por que você tá levando todos os meus presentes? Justo estes, que são tão especiais! Por que comigo? Não tem mais um monte de janelas neste palácio pra você entrar? Pai! Pai, o pássaro outra vez.

Entra o Rei.

REI: O que tá acontecendo filha? Por que você tá gritando assim?

PRINCESA: Ele me roubou novamente, dessa vez o pente que acabei de ganhar!

REI: O mesmo pássaro?

PRINCESA: O mesmo, eu vi, eu não entendo! Por que ele tá fazendo isso comigo? O que eu fiz pra ele levar tudo o que eu ganho?

REI: Que chatisse esse pássaro... mas agora mesmo vou buscar um presente que não vai ter pássaro nenhum que roube.

Rei sai do quarto.

PRINCESA: E o que importa? Eu não vou ter nem meu espelho, nem meu pente de volta! Que pássaro será esse? Por que comigo?

Rei volta com outro presente.

REI: Aqui está! Esse não poderá ser roubado por pássaro nenhum, vai ficar preso ao teu corpo e não vai ter pássaro que o tire de você. Este presente será teu da mesma

forma como são teus os qunze anos que você acabou de completar.

PRINCESA: Obrigada pai. É linda!

REI: Vamos filha, tira essa expressão de tristeza da cara. Esse presente não é menos especial que o espelho ou o pente.

PRINCESA: É verdade. É um presentão!

REI: Amarre nos teus cabelos e não vai ter nada nem ninguém que o leve.

Rei sai do quarto. Princesa fica por um tempo observando a fita.

PRINCESA: Que linda, quantos desenhos bordados! Que pedra brilhante!

Princesa solta a fita para pentear o cabelo. Pega a fita novamente e quando vai colocá-la, o Pássaro Verde entra e rouba a fita novamente.

Cena 2
A cena se passa nas ruas do reino.

NARRADOR: Não há nada que deixe a princesa feliz! Faz muitos dias que ela não quer saber de sair da cama, chorou muito e agora já não quer comer e nem chora mais. Fica lá, deitada, sem vontade de nada. O Rei já tentou de tudo, já quis lhe dar todos os presentes possíveis, comprou novos espelhos, pentes e fitas na tentativa de alegrá-la, mas ela não aceita, dizendo que todos eles serão roubados! Pobre Princesa! O que se conta é que ela...

ARAUTO: Senhoras e senhores! Povo deste reino. O nosso Rei vem avisar que a Princesa está muito triste, já não come há dias e adoece de fraqueza. O Rei convoca todos os bobos da corte, palhaços, contadores de histórias, encantadores ou qualquer pessoa do reino que acredite poder alegrar a princesa a comparecer ao palácio para tentar diverti-la. Quem conseguir fazer a

princesa sorrir e voltar a comer terá sua mão concedida em casamento. As portas do palácio estão abertas a partir deste momento!

Cena 3
A cena se passa no quarto da Princesa, ela está deitada na cama. Bobos da corte tentando animar a Princesa que não reage a nenhum.

Cena 4
A cena se passa na floresta. O Menino vai fazendo toda a sequência narrada.

NARRADOR: Ninguém conseguiu animá-la! A Princesa continua deitada sem comer, sem vontade de fazer nada, sem achar graça em nenhuma das brincadeiras feitas apenas para diverti-la. Mas existe neste reino um menino, um menino meio tonto que trabalha na floresta recolhendo lenha. Um dia, ele estava por lá quando viu uma carroça parada sem ninguém por perto. Olhou melhor e viu que a lenha que estava ao lado da carroça subiu sozinha e a carroça lá se foi.

MENINO: Cara, que maluquice é essa? Olha só! Mas como é que essa lenha tá subindo aí sozinha? Ei! Tem alguém aí? Não tem não!

NARRADOR: Ele achou aquilo muito estranho e voltou ao mesmo local no dia seguinte. Depois da lenha subir sozinha, a carroça começou a andar sem que ninguém a levasse e o menino a seguiu, vendo que ela entrou dentro de um palácio. No terceiro dia, o menino seguiu a carroça, subiu dentro dela e entrou no palácio. Quando estava dentro de um dos quartos ouviu um barulho e se escondeu debaixo da cama.

MENINO: Vixe! É agora que me pegam aqui!

NARRADOR: Foi então que viu aparecer um pássaro que mergulhou em uma bacia cheia d'água e se transformou em um príncipe.

MENINO: Eu tô maluco?! Não é possível! Esse pássaro virou gente! Olha só!

NARRADOR: O príncipe pegou três objetos de dentro de uma gaveta e disse serem os objetos de sua amada. Dormiu e no dia seguinte voltou a ser pássaro e saiu voando pela janela. O menino aproveitou para escapar do palácio e foi logo contar tudo o que viu para a Princesa. Quem sabe assim ela volta a se alegrar!

Cena 5
A cena se passa no quarto da Princesa.

MENINO: Realeza, veja bem! Foi isso mesmo que eu expliquei. Ele tirou primeiro o espelho, beijou e disse:

— Esse é o espelho da minha amada.

Pega então o pente, beija e diz:

— Este é o pente de minha amada — e guarda de novo no armário.

Por último, pega a fita, dá-lhe um beijo e diz:

— Esta é a fita de minha amada — e lá vai ela pro armário também.

PRINCESA: Me conta outra vez.

MENINO: Eu sabia que a senhorita ia achar essa história demais. E é tudo verdade!

PRINCESA: Conta, conta com todos os detalhes.

MENINO: Vou contar, foi assim.

No restante da cena aparece o Menino falando e a Princesa vai se animando, toma um prato de sopa, até que ele se levanta para sair.

PRINCESA: Combinado então! Amanhã eu vou até a floresta te encontrar, você me mostra o caminho e depois disso some desse reino com o que eu vou te dar. Não conta pra ninguém que me levou até lá.

MENINO: Combinado realeza!

Cena 6
A cena se passa no quarto do Príncipe. A Princesa está debaixo da cama.

PRINCESA: Ai, meu Deus, eu espero que essa história toda seja verdade e que ele chegue aqui logo.

O Pássaro entra e se transforma em Príncipe.

PRINCESA: É ele, só pode ser ele. Não consigo ver, mas esse barulho é o de suas asas. É ele mesmo!
PRÍNCIPE: Este é o espelho de minha amada. Este é o pente de minha amada. Esta é a fita de minha amada.
PRINCESA: E aqui está a sua amada.
PRÍNCIPE: Como? Como você chegou aqui?
PRINCESA: Cheguei, chegando. Não importa, o que importa é que estou aqui e agora posso entender por que você roubou todas as minhas coisas.
PRÍNCIPE: Eu roubei porque te amo e por isso mesmo você deve voltar ao teu palácio.
PRINCESA: Não! Por que não ficaremos juntos?
PRÍNCIPE: Eu sou um pássaro durante o dia e não tenho como deixar de ser.
PRINCESA: Como?
PRÍNCIPE: Eu sofri uma maldição e desde então tenho vivido como pássaro durante o dia e homem durante as noites e a única maneira desse encantamento passar seria que a mulher que eu amo e que me ame passasse 7 anos em um nicho a pão e água. Por isso você deve voltar, eu serei pássaro o resto de minha vida.
PRINCESA: O que são sete anos se pensarmos na vida toda que teremos pela frente? Eu ficarei estes anos no nicho para livrá-lo da maldição.
PRÍNCIPE: Não, nem pensar! É muito sofrimento.
PRINCESA: Menor do que te perder pra sempre.

Cena 7
Princesa no nicho. A Princesa fica parada enquanto outras mulheres vão fazendo serviços de casa de forma repetida, várias vezes, tornando visível o passar do tempo. Entra o Príncipe e abre a porta do nicho. Princesa cai no chão.

PRÍNCIPE: Bah! A que você se reduziu pelo meu amor! Agora não te quero mais.

O príncipe sai e a deixa só, ela vai se rastejando e depois, andando até a rua, senta no meio fio, chorando.

Cena 8
A cena se passa na rua do reino.

PRINCESA: Como pode ser?
VELHA: O que te aconteceu, moça?
PRINCESA: Ai! Eu não sei nem como explicar!
VELHA: Começa do começo.
PRINCESA: Eu fiz quinze anos e ganhei um presente lindo do meu pai.
VELHA: Calma, tá tudo bem. Bom, ao menos vai ficar, você verá.
PRINCESA: Veio um pássaro e roubou meu presente e roubou o segundo e o terceiro. Eu fiquei muito triste, sem entender por que aquele pássaro me roubava todos os presentes.
VELHA: E então?
PRINCESA: Então eu descobri que ele era um príncipe que me amava, o príncipe daquele castelo ali.
VELHA: Um príncipe?
PRINCESA: É estranho, eu sei. Mas ele tinha um feitiço e para ficar perto de mim, como era pássaro durante o dia, roubava meus presentes.
VELHA: Entendi. E o que aconteceu depois?
PRINCESA: Eu resolvi ficar sete anos no nicho, pois só assim ele voltaria a ser homem e poderíamos nos casar.

VELHA: Uma grande prova de amor.

PRINCESA: Eu achei que ele merecia e me amava e fosse me esperar... Mas hoje foi o último dia e ao abrir a porta do nicho e me ver assim, ele disse que não me quer mais!

VELHA: Não te quer mais? Por quê?

PRINCESA: Não sei! Pelo que me transformei, foi o que ele me disse: "Nisso você se transformou pelo meu amor, agora não te quero mais!" No que me transformei?

VELHA: Você se transformou em uma mulher mais forte e agora preste atenção. Pegue essa bolsa e daí você poderá tirar todo o dinheiro que necessite, que ele nunca acabará. Gaste tudo o que precisar que aí você terá a bolsa sempre cheia.

PRINCESA: Posso gastar tudo o que precisar?

VELHA: Pode.

Cena 9

NARRADOR: A Princesa ficou boa novamente e se recuperou daqueles anos todos no nicho. Foi então construído um palácio em frente ao palácio do Príncipe. Ele ficou muito intrigado sobre quem estava construindo um palácio tão lindo e muito curioso para ver quem seria o morador daquele local. No primeiro dia que viu a nova moradora ficou fascinado por ela. Os dias foram passando e o Príncipe cada vez mais apaixonado. Tentava falar com ela e ela batia a janela em sua cara, deixando-o com as palavras na ponta da língua.

Cena 10

A cena se passa na sala do palácio do Príncipe. Ele está olhando pela janela à procura da Princesa. São três horas da madrugada.

PRÍNCIPE: Tem que ter um momento que ela apareça. Por que será que me vira a cara todas as vezes? Não saberá que eu sou o príncipe deste reino?

Entra o Rei.

REI: Mas o que você tá fazendo aqui a estas horas?

PRÍNCIPE: Estou esperando para ver se ela aparece. Quem sabe ela não quer que ninguém veja nós dois conversando?

REI: Meu filho, você tá louco? Vai dormir.

PRÍNCIPE: Ah, meu pai! Acho que estou ficando louco por essa mulher.

REI: Mas por que ela? Tem tanta moça boa, bonita e louca de amor por você!

PRÍNCIPE: Que importa, pai? Já sei!

REI: Vai fazer uma viagem por outros reinos e encontrar a tua princesa!

PRÍNCIPE: Não! Vou pedi-la em casamento! Isto é, o senhor em meu nome, como deve ser.

REI: Como?

PRÍNCIPE: Está claro pai, não é que ela não me ame, é que não quer comentários sem que a gente esteja comprometido.

REI: Você acha? Eu duvido.

PRÍNCIPE: Pai, vai lá, por favor. Pede a mão dela em casamento e então eu serei o homem mais feliz do mundo.

REI: E voltará a dormir e fazer algo mais que olhar por essa janela?

PRÍNCIPE: Vou fazer tudo o mais para que ela veja com que homem ela vai se casar.

REI: Eu não sei não...

PRÍNCIPE: Por favor!!!

REI: Está bem, tudo pra que você saia desta janela.

PRÍNCIPE: Sairei, saio agora mesmo só por saber que amanhã ela poderá me receber e começaremos a tratar de nosso casamento.

Cena 11
No decorrer da narração, os narradores vão montando a ponte de cristal.

NARRADOR 1: Ah, por essa o príncipe não esperava! Ela não aceitou! Ele ficou arrasado e mais alguns dias na janela, buscando-a com os olhos pra tentar entender o que se passava e explicar que a amava. Teria ela desconfiado de sua falta de amor? Mas ele a amava tanto, tanto, que conseguiu convencer o rei a voltar lá.

NARRADOR 2: O rei voltou, mesmo depois dela ter deixado ele plantado por três horas de espera?

NARRADOR 1: Voltou! O rei achou aquilo tudo um absurdo, mas voltou porque não aguentava mais ver o filho naquela janela em busca de seu amor.

NARRADOR 2: E foi então que ela aceitou com a condição da ponte de cristal? Que pedido tão especial! Construir uma ponte de cristal entre os dois palácios para ser por onde ela passará no momento do casamento!

NARRADOR 1: Vai ser uma festa e tanto!

NARRADOR 2: Ô se vai! Ainda mais com essa ponte no meio dos dois palácios e pétalas caindo sobre ela no momento que passar pela ponte. Ah! Todo o povo poderá ver a chegada dela ao palácio dele.

NARRADOR 1: Todos nós veremos. Vamos! Já está na hora, em poucos minutos a princesa chegará.

NARRADOR 2: O príncipe já deve estar à sua espera.

Entra o Príncipe.

PRÍNCIPE: Finalmente!

Entra o Rei. Aos poucos vai entrando o povo.

REI: Está tudo preparado, agora só falta ela!

PRÍNCIPE: Ela deve estar chegando, já está na hora!

REI: Já passa da hora!

PRÍNCIPE: É ela ali?

REI: De tanto olhar para esse palácio você vê gente onde não tem!

PRÍNCIPE: Pensei que fosse.

REI: Não é, mas deveria ser! Por que tanta demora?
PRÍNCIPE: Agora é.

A Princesa começa a caminhar pela ponte, as virgens jogam pétalas de rosas. Para no meio do caminho.

PRINCESA: Ah! Uma pétala me feriu! Agora não me caso mais!

Volta para seu palácio.

PRÍNCIPE: Não! O que aconteceu? Volta...
REI: Uma pétala a feriu? E como pode uma pétala ferir alguém?
PRÍNCIPE: Nós podemos tratar teu ferimento... E agora? Não se casa mais?
REI: Venha, meu filho! Dê-se ao respeito. Sai desse chão que eu não te criei pra ficar se rastejando por ninguém.
PRÍNCIPE: Mas por uma pétala ela não quer mais se casar?! Não entendo!
REI: Vamos, vamos embora. Já!
PRÍNCIPE: Por que ela tá fazendo isso comigo?

Saem todos de cena.

Cena 12
A cena se passa no palácio da Princesa. Princesa de costas.
REI: Veja bem. Eu jamais teria voltado aqui, mas meu filho me pede a cada dia e eu não suporto mais essa insistência!
PRINCESA: O que o senhor deseja desta vez?
REI: Desejo pedi-la em casamento pela terceira e última vez! Não entendo como pode ser ferida por uma pétala!
PRINCESA: E por acaso duvida que minha pele seja mais delicada que uma pétala?
REI: Não importa o que eu penso sobre você ou tua pele. Meu filho sofre de amor por você. Já não quer mais comer, não se interessa por nada, não sai de seu quarto,

dizendo que se não é para estar casado contigo, não vale a pena viver.

PRINCESA: Pois se é tão grande o seu amor, peço apenas mais uma prova. A condição para que eu me case com ele é de que seja espalhada a notícia de sua doença pelo reino. No dia de nosso casamento, que se dobrem os sinos por sua morte, seja feito o cortejo e quando ele estiver no cadafalso, eu chego e nos casamos.

Cena 13

NARRADOR: O Rei concordou com tudo! Não porque achasse aquilo razoável, mas melhor espalhar uma notícia falsa da morte do príncipe do que uma verdadeira. Fazer aquele casamento era sua última esperança em voltar a ver seu filho recuperado daquela tristeza que parecia não ter mais fim. O Rei já havia tentado qualquer outra coisa, mas a única solução foi marcar o casamento e espalhar a notícia da doença do Príncipe.

Chegou então o dia do casamento e todo o reino saiu em cortejo acompanhando o Príncipe em seu caixão. Levaram-no até a igreja e lá ficaram chorando e rezando pela perda de seu Príncipe.

Cena 14

A cena se passa na igreja. Todos em volta do Príncipe. O Rei esperando a chegada da Princesa. Entra a Princesa e se aproxima do caixão.

PRINCESA: Bah! A que você se transformou pelo meu amor! Agora não te quero mais.

Princesa se vira para sair.

PRÍNCIPE: Espera! É você! Como eu não te reconheci até agora? Por que você me fez sofrer tudo isso?

PRINCESA: Você acha que foi pouco o que eu sofri? Sete anos naquele nicho pra ser rejeitada?

PRÍNCIPE: Você tem toda razão. Me perdoe!
PRINCESA: Acho que agora já sofremos os dois.
PRÍNCIPE: Poderemos enfim viver livres de qualquer maldição. Desta vez sou eu quem peço. Me dá tua mão em casamento?

Princesa dá as mãos para o Príncipe.

Cena 15
NARRADOR: Casaram-se e viveram felizes para sempre.

4. ESTUDO SOBRE *O JOGO TEATRAL NO LIVRO DO DIRETOR*

Como se houvesse alguma realidade verdadeira que não incluísse a magia e a fantasia, não incorporasse o delírio e a imaginação.

ANA MARIA MACHADO

Este capítulo pretende discutir o papel ocupado pelo sistema de jogos teatrais proposto por Viola Spolin, analisando de maneira detalhada o livro *O Jogo Teatral no Livro do Diretor*, com a intenção de observar como esse livro pode ser uma contribuição para o professor que trabalha com grupos de alunos da escola formal.

Viola Spolin inicia suas publicações sobre o trabalho teatral com *Improvisação para o Teatro* que, assim como toda a sua proposta de jogos teatrais, está baseado na prática, no fazer teatral e no aprendizado que se pode obter com essa vivência.

Dividido em quatro sessões, o livro apresenta uma enorme variedade de jogos teatrais, além de fundamentar sua proposta e apontar especificidades do trabalho com crianças. Expõe os princípios básicos do sistema de jogos teatrais, propondo através dos jogos uma forma pela qual podemos ensinar teatro.

A publicação no Brasil, pela Perspectiva em 1979, de *Improvisação para o Teatro* possibilitou a divulgação desse sistema, assim como uma ampla discussão sobre o ensino de teatro. Spolin apresenta um sistema de jogos teatrais no qual, por meio de regras que dão uma estrutura para a improvisação, o ator/jogador passa a ser o sujeito de sua educação.

A apropriação desse sistema pode ser evidenciada na prática de diversos pesquisadores, que descrevem a riqueza que essa proposta apresentou para o ensino de teatro.

Ingrid D. Koudela, nos vários estudos feitos sobre jogos teatrais, apresenta diferentes possibilidades de utilização do jogo, discutindo seu papel como elemento fundamental para o entendimento do ensino de teatro. Koudela também traz uma importante contribuição para essa pesquisa com seu livro *Texto e Jogo*, no qual, por meio da peça didática de Bertolt Brecht, as várias possibilidades de inserção do jogo teatral podem ser observadas. De acordo com a autora, em outra obra:

> Spolin sugere que o processo de atuação no teatro deve ser baseado na participação em jogos. Por meio do envolvimento criado pela relação de jogo, o participante desenvolve liberdade pessoal dentro do limite de regras estabelecidas e cria técnicas e habilidades pessoais necessárias para o jogo. À medida que interioriza essas habilidades e essa liberdade ou espontaneidade, ele se transforma em um jogador criativo. Os jogos são sociais, baseados em problemas a serem solucionados. O problema a ser solucionado é o objeto do jogo. As regras do jogo incluem a estrutura (Onde, Quem, O Que) e o objeto (Foco) mais o acordo de grupo[1].

Ao nos determos na formação do aluno entendemos o significado que as regras podem assumir no desenvolvi-

1. *Jogos Teatrais*, p. 43.

mento infantil e a sua importância na estrutura presente no sistema de jogos teatrais apresentado por Spolin.

Na sequência, a publicação de *O Jogo Teatral no Livro do Diretor* possibilitou uma abertura para a discussão da utilização do sistema de jogos teatrais para ensaios.

Ao pensarmos na enorme defasagem na formação dos professores quanto à possibilidade de trabalhar a linguagem teatral dentro das escolas, a existência de bibliografias que possam suprir essa lacuna é fundamental. Evidentemente, a consulta ou estudo teórico de uma proposta de ensino de teatro não suprirá as dificuldades apresentadas, já que para um bom entendimento do jogo, é necessário jogar. Entretanto, dadas as circunstâncias de boa parte das escolas e de seus professores, nem sempre será possível participar de um curso que dê continuidade à formação dos professores. Nesse caso, é muito importante contar com um texto que apresente de forma clara suas propostas[2].

O livro apresenta uma sequência de passos a serem tomados no decorrer do processo de montagem de uma peça teatral, estabelecendo possibilidades de jogos teatrais para cada momento, dividindo esse processo em etapas com determinadas características e dificuldades que poderão ser trabalhadas com o uso de jogos teatrais.

Em cada jogo temos, além de sua *descrição*, o *objetivo*, o *foco*, as *instruções* a serem dadas, a *avaliação* e as *notas*.

A descrição diz ao diretor como organizar o jogo, onde posicionar os jogadores, quando começar a fornecer instruções técnicas, quando deter o jogo etc. Essa forma de apresentar os jogos dá ao leitor um bom entendimento de como o jogo poderá ser apresentado e conduzido pelo coordenador[3].

2. Ressalto a importância de que o professor tenha contato não apenas com os livros que orientam a prática do jogo teatral, mas também que fundamentem sua proposição. Para tal, além dos demais livros de Spolin, pode-se consultatar outros autores também citados nesta pesquisa.

3. Os papéis do diretor e do coordenador dos jogos é assumido pela mesma pessoa, já que a proposta de Spolin é de que o processo de ensaios seja realizado com a utilização dos jogos.

O "objetivo define o principal resultado que um diretor espera obter de cada jogo". Será com a consulta dos objetivos dos jogos que os diretores poderão resolver problemas específicos que possam surgir.

Frequentemente, no desenrolar do trabalho teatral, aparecem dificuldades que não puderam ser previstas pelo coordenador. Poder consultar os jogos, sabendo qual o objetivo de cada um, é uma forma fácil de encontrar soluções que deem andamento ao trabalho.

O *foco* é entendido como a direção que a atenção do ator/jogador deve tomar. "O Foco garante o envolvimento de todos os participantes em cada momento durante o processo do jogo".

A existência de um *foco* com o qual os jogadores e o coordenador trabalharão no decorrer do jogo cria para os participantes um ponto de vista e uma objetivação do que ele deve fazer em cena. Esse direcionamento que o *foco* estabelece dá a liberdade de criação necessária ao jogador, já que ele voltará sua atenção para um aspecto previamente definido.

A objetivação do problema a ser solucionado, através do *foco*, abre um espaço de relação com o outro que possibilita a quebra de respostas estereotipadas, de comportamentos na relação de grupo baseados no costume, na convenção estabelecida pelo próprio grupo; já que o jogo apresenta desafios nos quais o jogador necessita estabelecer contato com o ambiente, para que encontre as diferentes formas de solucioná-lo.

O *foco* aponta, para o jogador, em qual aspecto ele terá de estar atento, priorizando o problema estabelecido pelo coordenador na proposição do jogo. Esse direcionamento possibilita a improvisação, sem que o jogador perca seu referencial no processo.

As *instruções* são informações que serão dadas pelo diretor aos atores/jogadores "enquanto o jogo está sendo jogado. É o elo entre diretor/coordenador e os atores/jogadores".

Durante o desenrolar dos jogos, o coordenador deverá, através das instruções, manter os jogadores dentro das pro-

posições apresentadas inicialmente. Essa orientação possibilita o melhor entendimento e realização da proposta.

A "avaliação consiste em questões seja para os atores/jogadores, seja para os observadores. A avaliação revela o que foi percebido, aprendido e/ou realizado no curso do jogo". Ela é feita por todos os participantes, porém, com a orientação do coordenador.

Ao avaliar o jogo realizado é necessário que o coordenador tenha muita clareza dos objetivos do jogo. A avaliação deve ser entendida como um momento de questionamento sobre o jogo que foi realizado, observando-se se o grupo manteve o foco presente.

As *notas*, na apresentação de cada jogo proposto por Spolin, são observações que levam a uma melhor compreensão do jogo, apontando quais "dificuldades podem surgir e como resolvê-las, que oportunidades devem ser procuradas, que outros jogos se relacionam a esse etc." (p. 10).

Embora exista uma breve definição de cada um desses itens na apresentação inicial da estrutura do jogo, alguns serão retomados do primeiro capítulo de *O Jogo Teatral no Livro do Diretor*, quando a autora expõe vários conceitos que norteiam o trabalho[4].

A apresentação visual do jogo presente no livro possibilita que cada um dos itens mencionados seja imediatamente identificado, agilizando a utilização deles.

O livro de Spolin está organizado em sete capítulos, sendo que do segundo ao sexto a autora apresenta os diferentes momentos para a montagem de uma peça de teatro, tendo como base os jogos teatrais. Organizei este capítulo de minha pesquisa seguindo a ordem proposta por Spolin, já que as atividades realizadas com o grupo de teatro Pé Sujo foram estruturadas mantendo essa mesma sequência. Entendo que a melhor maneira de observar a pertinência deste livro, como um material enriquecedor para a prática

4. Uma definição mais detalhada de conceitos também pode ser encontrada em V. Spolin, *Improvisação para o Teatro*, já citado.

pedagógica do professor de teatro, será mantendo a proposição apresentada por Spolin.

Sendo assim, o livro será analisado, estabelecendo um paralelo com as situações vivenciadas pelo grupo de teatro no experimento proposto por mim nesta pesquisa.

Preparação

No primeiro capítulo, Viola Spolin apresenta diversos aspectos do fazer teatral e do sistema de jogos teatrais, definindo papéis e funções dentro do processo de montagem. Os conceitos são apresentados sob forma de tópicos. O primeiro conceito explorado será o de presença.

> Atuar requer presença. Aqui e agora. Jogar produz esse estado. Da mesma forma que os esportistas estão presentes no jogo, assim também devem estar todos os membros do teatro no momento de atuar. [...] A presença chega através do intuitivo. Não podemos aproximar a intuição até que estejamos livres de opiniões, atitudes, preconceitos e julgamentos. O próprio ato de procurar o momento, de estar aberto aos parceiros de jogo, produz uma força de vida, um fluxo, uma regeneração para todos os participantes (p. 17).

A presença é fundamental à atuação e poderá ser atingida através do jogo, desde que o jogador consiga distanciar-se da expectativa mental sobre o que está fazendo e se coloque no jogo. Ela indica que esse caminho será alcançado através do trabalho físico, possibilitando que o jogador se coloque no momento presente, deixando de estar na memória. Estar no presente é o que possibilitará o acontecimento do novo, do inesperado.

> Os jogadores que se perdem no personagem, nas emoções e nas atitudes e ficam preocupados com "como estou me saindo?" estão confinados em suas próprias cabeças: fragmentados, isolados, solitários e perdidos. Eles vivem na memória (não no presente) (p. 18).

O diretor é alguém que participa do grupo, que deverá ter a sensibilidade para compreender as necessidades apresentadas por ele e propor a partir daí. Existe uma postura clara de parceria, seja do diretor para com os atores, seja dos atores para com a plateia, o que deve se dar por meio do reconhecimento do *compartilhar*, outro conceito presente no decorrer do trabalho. O uso de terminologias que exploram o conceito de compartilhar, em vez de terminologias convencionais de palco, evidencia essa postura de parceria.

Ao pensarmos no papel do professor de teatro, na perspectiva proposta por Spolin para o diretor, observamos a necessidade de que ele se coloque dentro dessa possibilidade de relação e percepção do grupo com o qual trabalha. Ela se abrirá desde que o professor se predisponha para tanto e crie condições para o mesmo. Se não quisermos estabelecer uma relação autoritária para com o trabalho, será necessário que o professor busque formas de manter essa qualidade de observador e propositor, em uma relação de diálogo com o grupo.

Quanto aos objetivos do diretor, a autora aborda a importância de que o diretor tenha familiaridade com os jogos que irá propor para que a peça emerja do próprio jogo. Ela enfoca também a necessidade de o diretor não utilizar o trabalho como um espaço para realização de sonhos pessoais.

Entendo ser essa uma das principais dificuldades encontradas pelos professores ao trabalhar uma montagem. A situação escolar mantém uma hierarquia que coloca o professor como o detentor do saber, sendo a pessoa que fará as escolhas pelo grupo de alunos com o qual trabalha. Essa característica dificulta muito a alteração do professor da posição de "planejador", para poder se colocar como organizador do trabalho coletivo. A dificuldade que os alunos encontram para entrar no jogo, permitindo-se estar no tempo presente, na relação com o outro, creio ser ainda maior para o professor que define um objetivo para o trabalho e, junto com ele, uma imagem do que será a peça quando montada. Depois dessa imagem estabelecida, é difícil para o professor se desprender do que imaginou.

Para a escolha do elenco, Spolin levanta aspectos a serem observados, ressaltando a importância de que os atores selecionados sejam pessoas com condições para realizar o trabalho dentro do tempo previsto. Ela aponta a utilização da improvisação, associada ao teste, como uma forma de trabalho bem-sucedido. Nas diferentes opções que o diretor poderá escolher, ele deverá sempre ocultar as próprias ansiedades e evitar caracterizações muito detalhadas que levem à imitação do mesmo.

No trabalho realizado junto ao grupo de teatro Pé Sujo, o elenco foi definido pelo interesse dos alunos em participar do curso oferecido. A única exigência feita para a participação dos alunos foi disponibilidade para estar presente nos encontros semanais.

Na maior parte das escolas, o grupo de alunos com o qual o professor irá trabalhar já está previamente definido, não ocorrendo nenhuma escolha de elenco. Entretanto, a seleção apontada por Spolin, através dos jogos teatrais, é uma maneira interessante para as situações nas quais o professor fará algum tipo de escolha. Podemos também entender essas proposições como uma maneira de o professor fazer uma avaliação prévia do grupo para uma melhor estruturação de seu curso, já tendo em conta as características dos integrantes.

Quanto à escolha da peça, são apontados alguns aspectos ao definir qual peça será montada, tais como: "para quem se dirige, se é um texto adequado ao grupo que irá trabalhar, se será possível montá-la, se é um texto que irá possibilitar uma experiência criativa etc". Não é feita nenhuma menção a textos que não sejam teatrais.

O diretor deve deixar que o tema apareça, evitando que a ansiedade em encontrá-lo faça que um tema qualquer se imponha ao trabalho, fechando caminhos possíveis. "O tema é o fio que costura e tece cada pulsação da peça ou da cena. Ele se entrelaça e se mostra no mais simples gesto do ator e nos últimos detalhes do figurino" (p. 29).

A escolha de qual texto seria trabalhado com o grupo de teatro Pé Sujo partiu do meu interesse em investigar as

possíveis relações entre o conto e os jogos teatrais. Pupo nos mostra a importância que outras formas literárias vêm tomando nas montagens teatrais:

> Entre as tendências contemporâneas da encenação, é possível observar uma relativização da supremacia da peça teatral. O ponto de partida das montagens vem se diversificando nitidamente: outros tipos de textos, não somente dramáticos, mas também líricos e épicos passam a dar origem a espetáculos teatrais. Adaptações de contos, lendas, romances, poesias, constituem frequentemente a motivação da qual partem grupos e diretores[5].

Embora a escolha do conto a ser trabalhado já estivesse previamente definida, ele era entendido como propulsor do trabalho, e, conforme exposição no primeiro capítulo deste trabalho, a temática explorada foi definida no desenvolver dos jogos.

As técnicas teatrais são propostas, aqui, dentro da perspectiva da necessidade, isto é, ao identificar quais as necessidades do ator, se buscará uma técnica que vá ao encontro das mesmas, deixando claro para o ator as muitas maneiras possíveis de fazer e dizer algo.

A definição de *foco* está apresentada no livro, de acordo com sua função no jogo teatral, deixando clara a importância do mesmo para que os jogadores possam encontrar a espontaneidade e a cumplicidade com os demais. A espontaneidade é desejada e temida pelos atores, já que provoca desequilíbrio, pois estarão entrando em contato com formas desconhecidas de agir.

A possibilidade de nos aproximarmos da espontaneidade se dará, desde que sejam criadas condições para que os jogadores tenham tranquilidade suficiente para o questionamento de suas estruturas definidas de ação. Cortela nos fala sobre a dificuldade em provocarmos mudanças:

> Os valores que criamos produzem uma "moldura" em nossa existência individual e coletiva, de modo a podermos enquadrar

5. *Palavras em Jogo*, p. 2-3.

nossos atos e pensamentos, situando-os em uma visão de mundo (uma compreensão da realidade) que informe (dê forma) os nossos conhecimentos e conceitos (nossos entendimentos); é a partir dos conceitos que guiamos nossa existência e, de uma certa forma, porque antecedem nossas ações, são também os nossos conceitos prévios, nossos preconceitos (pré/conceitos). Entretanto, valores, conhecimentos e preconceitos mudam porque humanos devem mudar; como vida é processo e processo é mudança, ser humano é ser capaz de ser diferente.

É por essa razão que, quando enfrentamos alguém no campo dos seus valores e preconceitos, a reação é forte; não estamos confrontando apenas ideias e sim pontos de apoio de sua existência e de sua segurança na vida, isto é, nós podemos estar ameaçando os pilares sobre os quais se sustenta sua própria identidade[6].

A clareza de proposição que o *foco* traz, possibilita um equilíbrio para o jogador que está se lançando nesse universo novo.

É importantíssimo que a avaliação do trabalho se distancie da perspectiva de *aprovação/desaprovação*, o que é conquistado quando avaliamos o que foi feito, se o *foco* foi mantido e o *problema solucionado*. Essa maneira de avaliar fará com que o diretor assuma a posição de guia do grupo.

A *instrução* busca orientar o jogador, mantendo o contato entre jogadores e diretor, sendo um gerador do processo de jogos teatrais.

A instrução deve ser livre do tom autoritário. Ela não é diretiva. É uma instigação, provocação, estímulo através dos quais o instrutor-diretor catalisa a energia do jogo. Para dar instruções, utilize um comando simples e direto: Compartilhe o quadro de cena! Veja os botões da camisa de João! Compartilhe a sua voz com a plateia! Contato! Veja com seus pés! Não conte uma história! Ajude o seu parceiro que não está jogando! (p. 25).

Em seu primeiro capítulo observamos que a autora trabalha com os *eixos de aprendizagem* do sistema de jogos teatrais, definindo o *foco*, a *instrução* e a *avaliação* quanto

6. *A Escola e o Conhecimento*, p. 46.

ao papel que ocupam não apenas no jogo teatral, mas também no processo de montagem de uma peça de teatro. As regras estão presentes na apresentação dos jogos.

Nos conceitos trabalhados são apresentadas maneiras pelas quais o diretor deverá agir para o encaminhamento do trabalho, que postura adotar na relação com o grupo e nas escolhas necessárias para o encaminhamento dos ensaios.

Na sequência, Spolin proporá a divisão dos ensaios em três períodos. Aos atores, é sugerido que se considere o "*tempo do relógio*" e da "*energia para a organização dos ensaios*", tentando mantê-los ocupados todo o tempo numa atmosfera relaxada.

Oficinas

No segundo capítulo, são propostos jogos para acontecerem no decorrer dos ensaios, antes e durante, conforme as necessidades que o grupo apresente. Os jogos irão trabalhar com o conceito de olhar. A ideia de olhar, aqui colocada, inclui uma postura do ator/jogador de entrar em relação com os demais jogadores. Nesse sentido, o *olhar* significa realmente ver o que olhamos, entrar em contato com o que olhamos.

Partindo da ideia do olhar como uma forma de estabelecer contato, entendi esse momento, definido por Spolin como Oficinas, como o período no qual o grupo de alunos estabeleceria um relacionamento suficiente para se reconhecer como tal, além de conhecer os diversos conceitos apresentados nos jogos. Nas respostas dadas para as perguntas "Como foi a formação do grupo?" "Você acha que os jogos teatrais colaboraram para que ele se formasse?" podemos observar a importância que os jogos tiveram nesse processo:

- *Sim pois no decorrer das reuniões alguns foram saindo de forma que o grupo foi tomando uma forma legal além também com os jogos onde o grupo foi se unindo numa redoma onde éramos imbatíveis.* Edmilson.

- *Com certeza, sem os jogos ninguém ia se conhecer tão bem, ter tanta intimidade, saber o que o outro "quer ser". Tudo isso.* o JOGO É TUDO*!* Priscila.
- *Os jogos foram importantíssimos na formação do nosso grupo. A sua formação foi a mais natural possível! Fomos nos conhecendo aos poucos e através dos jogos fomos nos aproximando mais também fora do grupo*. Solange.

No decorrer dos encontros pudemos explorar, por meio dos jogos, a necessidade de os jogadores entrarem em contato com os seus parceiros para que o jogo acontecesse. No nosso quarto encontro pedi que os alunos escrevessem algumas palavras-síntese referentes ao encontro anterior. Um dos participantes escolheu a palavra *solidão*, o que gerou um questionamento por parte dos demais integrantes.

Na explicação sobre a escolha, o aluno disse que em alguns momentos ele ficava "viajando", pensando em coisas só dele e dessa forma se sentia sozinho. Esse posicionamento possibilitou a discussão do grupo de que o trabalho teatral é um trabalho de relação, que enquanto jogamos, estamos atentos aos parceiros, estamos juntos.

No final do período, entendido como o de Oficinas, o grupo escolheu um nome para si: Grupo de Teatro Pé Sujo. Essa escolha se deveu ao fato de ficarmos todos com os pés sujos após os encontros, já que tirávamos os sapatos no início da aula. A necessidade de definir um nome para o grupo denota o reconhecimento do grupo como uma unidade.

Além dos jogos teatrais propostos por Spolin também trabalhamos com jogos tradicionais. Inicialmente os jogos foram propostos por mim, mas aos poucos os alunos trouxeram sugestões que foram incorporadas ao trabalho.

Quanto aos aspectos da linguagem teatral, foi possível identificar, tanto através dos relatos como da avaliação nos momentos de jogo, a assimilação da estrutura dramática e dos eixos de aprendizagem propostos por Viola Spolin.

No que se refere ao *Onde*, o grupo pôde identificar a existência de um espaço de jogo, conseguindo interagir no

que diz respeito ao espaço imediato e geral. Os jogos que trabalharam com a manipulação de objetos e a movimentação pelo espaço de cena definido pelo grupo, fizeram com que estas duas dimensões do espaço ficassem claras.

Quanto ao *Quem*, observo que o principal ganho foi a percepção corporal, possibilitada através dos jogos e dos aquecimentos/relaxamentos. Ficou evidente a importância da fisicalização através do domínio corporal e de sua exploração. Não trabalhamos a existência de personagens em uma criação mental, dessa maneira as transformações se deram na transformação do próprio corpo, seja na forma de se apresentar ou na forma de se movimentar, no gestual de cada um.

Quanto ao terceiro aspecto da estrutura dramática, o *O Que*, percebo que foi possível a compreensão de que nos jogos, assim como nas cenas, existe uma ação.

Os eixos de aprendizagem foram incorporados ao processo de trabalho, dessa forma, a "Instrução, o Foco, a Avaliação e as Regras" participaram permanentemente do nosso cotidiano, sendo incorporados e compreendidos como forma de realização do trabalho. Dentro dessa estrutura, ficou evidente a resolução de problemas através do Foco.

Um aspecto importante para o trabalho, que é comentado por quase todos os alunos em suas reflexões sobre o aprendizado que o curso possibilitou até então, é o da imaginação/criação. Ressalto aqui sua importância, pois observo que é na possibilidade de exploração de soluções novas, seja pela combinação de fatores entre os vários participantes, seja na utilização de respostas inusuais, individualmente é que se dá o reconhecimento da criatividade por cada um dos participantes.

O *fisicalizar*, o tornar presente e o se permitir acreditar no que é visto, cria um espaço imaginário que amplia enormemente as possibilidades do jogo. Observo que essa criação de um espaço imaginário, assim como do encontro de soluções criativas para as propostas feitas, faz com que cada participante tenha uma relação extremamente prazerosa com o trabalho, sendo isso um dos aspectos mais comentados

pelo grupo. Vivencia-se assim uma possibilidade que está para além do domínio teatral, que pode ser resgatada nas muitas situações e relações da vida de cada um.

O relato escrito por Solange exemplifica diversos dos aspectos aqui apontados:

> Eu aprendi muitas coisas com o curso de teatro até agora, uma delas foi supervisionar o meu desempenho em relação a trabalhos em grupo.
>
> A convivência com pessoas diferentes tem me ensinado que pelo fato de termos opiniões diferentes não quer dizer não possamos nos empenhar em busca de um objetivo comum. E este fato nos acompanhará durante toda a nossa vida por isso a importância de estarmos convivendo e aprendendo com pessoas que veem o mundo do seu jeito e consequentemente nos ajuda a obter conhecimento a partir desta visão.
>
> O curso tem trabalhado também a nossa imaginação fazendo com que nos colocamos em situações imaginárias. E ao procurar solução para sair destas situações trabalhamos também a nossa capacidade para resolver as coisas.
>
> Em fim, o curso tem me ensinado coisas que pretendo usar no palco e na vida.

O Primeiro Período de Ensaio

No terceiro capítulo, são apresentadas diversas maneiras pelas quais o diretor poderá iniciar o trabalho de ensaios e a aproximação com o texto.

A primeira questão levantada é a importância em se acreditar no elenco com o qual se trabalhará. No decorrer de todo o capítulo são apresentados jogos que buscam a relação do grupo, seja entre os participantes, seja com a plateia ou com o texto. Além dos jogos para ensaio, os aquecimentos são apontados como um importante momento para que o grupo elimine diferenças e trabalhe conjuntamente, possibilitando que cada integrante faça parte do todo.

No trabalho com o grupo de teatro Pé Sujo a realização de aquecimento no início dos encontros e de relaxamento no

final foi fundamental. Iniciávamos as aulas com uma roda onde era lido o protocolo[7] referente ao encontro anterior e comentávamos as impressões de cada um. Os aquecimentos foram, na maior parte das vezes, feitos com jogos tradicionais, que são considerados por Spolin como importante elemento a ser incorporado ao processo, não apenas no momento do ensaio, mas em todo o trabalho realizado.

Os relaxamentos tinham como enfoque uma maior consciência corporal por parte de cada um dos participantes, a ampliação do repertório de movimentos e a integração entre os participantes. Podemos observar no depoimento do Edmilson a importância dada a esses momentos, pela falta que fizeram quando nos excedemos no tempo destinado ao jogo, inviabilizando o relaxamento: "Na última aula nós conversamos sobre nós estarmos meio frios na aula, vimos que a falta do relaxamento no final das aulas estava nos prejudicando. Resolvemos que não mais deixaríamos de fazer o exercício".

O primeiro período de ensaio é o momento no qual o grupo entrará em contato com o texto. Para esse contato inicial, Spolin propõe diversos jogos, possibilitando uma relação com o texto que seja de ruptura na forma tradicional de leitura. Os jogos possibilitarão variedade na fala e, com isso, uma amplitude de significados atribuídos ao texto.

O primeiro contato que tivemos com o conto que trabalhamos foi no sétimo encontro do grupo e deu-se inicialmente com a sua narrativa feita por mim, conforme explicado no segundo capítulo.

Partimos então para um processo de apropriação do texto, buscando as diferentes abordagens que o mesmo poderia sugerir, por meio de jogos que trabalharam especificamente com o texto escrito. Jogamos: "Soletrando", "Vogais e Consoantes" e "Câmera Lenta"[8]. O grupo ficou

7. O uso do protocolo como forma de registro e reflexão sobre o trabalho será discutido no quinto capítulo.

8. No jogo "Soletrando" todas as palavras devem ser soletradas, com o objetivo de que elas se mantenham vazias de significado. O jogo "Vogais

bem envolvido com as propostas e explorou diferentes formas de falar o texto. Foi evidente a descoberta que estes jogos propiciaram, tanto para os vários significados que a narrativa pode comportar, como para a multiplicidade na fala. Esses jogos abriram diferentes perspectivas para o entendimento do conto.

O primeiro momento que o grupo narrou o conto coletivamente foi com a utilização dos três jogos citados anteriormente e o uso de uma bola. O jogador que estivesse com a bola na mão leria o texto. A bola poderia ser jogada para qualquer outro participante que então passaria a ler o texto, ou algum dos jogadores poderia retirar a bola do então leitor e assumir a função. No meio da leitura incluí a possibilidade de que um jogador se somasse ao que estivesse lendo e fosse feita uma leitura conjunta. No final da narrativa somamos à proposta a exploração de intenções de fala, conforme sentimentos que a narrativa sugerisse. Esse jogo foi incluído na montagem da peça, ao trabalharmos a cena 12. Retomamos o jogo com um lenço, com as duas narradoras passando o lenço uma para a outra antes de falar.

Entendo que a aproximação do conto por meio do jogo foi o que permitiu que a história trabalhada não fosse mantida na apreensão cerebral. Koudela nos fala da importância da "corporificação" para que surja a espontaneidade:

> Spolin estabelece uma diferença entre inventividade e espontaneidade. Ao trabalhar apenas com a associação de ideias (história), o jogo de improvisação permanece ainda no plano cerebral. A ação espontânea exige uma integração entre os níveis físico, emocional e cerebral. Em oposição a uma abordagem intelectual ou psicológica, o processo de jogos teatrais busca o surgimento do gesto espontâneo na atuação, a partir da "corporificação"[9].

e Consoantes" focaliza as vogais ou as consoantes, possibilitando a familiarização com a estrutura fisiológica da língua. No jogo "Câmera Lenta" os jogadores devem ficar em câmera lenta enquanto leem o texto, com o objetivo de estarem todos no mesmo lugar.

9. *Jogos Teatrais*, p. 51.

Após esse primeiro período de exploração do conto, no qual trabalhamos a apropriação da narrativa, descobrindo diferentes leituras possíveis para ela, exploramos o "Onde, o Quem e o O Que"[10], retomando jogos que já haviam sido feitos no período entendido como *Oficinas*.

Nesse momento, após a exploração da estrutura do jogo relacionada ao conto, nota-se que o domínio da narrativa já é bem grande, sendo possível desmembrá-la e escolher o ponto de vista a ser enfocado. No depoimento da Mariana, podemos observar a relação estabelecida entre a ideia de personagem e a sua exploração através dos jogos: "Bom, nessa aula descobri que se mudarmos alguma coisa em nós, a voz, o jeito de andar, qualquer coisa que não seja característica nossa estaremos colocando vida na personagem, deixando-a mais completa como tem que ser".

O trabalho com o *O Que* foi desenvolvido com os jogos "Dar e Tomar", "Jogo de Orientação 1 e 2" e "Convergir e Redividir"[11]. Neste último jogo, o grupo teve uma dificuldade muito grande em atuar coletivamente. Ficou uma bagunça geral, sem que fosse possível entender o que se passava na cena. Os jogadores passaram todo o tempo tentando encontrar formas de tornar as cenas compreensíveis e, na avaliação, comentaram a dificuldade de interagir. Houve muita reclamação em relação à atitude de um dos jogadores, que chorava muito alto em uma das cenas propostas e não deixava que mais ninguém fosse ouvido. Comentamos que os demais não souberam propor a partir do jogo que estava se estabelecendo, jogando com defini-

10. O trabalho com o Onde e o Quem foi detalhado no capítulo 2.

11. No jogo "Dar e Tomar", apenas um jogador se movimenta em cena, ele poderá dar a possibilidade de movimento para outro ou algum dos demais jogadores a poder tomar; tem como objetivo promover a relação entre os jogadores. No "Jogo de Orientação 1", um jogador propõe uma ação que deverá ser feita por cada um dos participantes que entrar no jogo e no de "Orientação 2", o primeiro jogador propõe uma ação e os demais entrarão no jogo, com ações pertinentes ao espaço onde esta ação poderia ser feita. No jogo "Convergir e Redividir" o foco de ação é igual ao do "Dar e Tomar", porém é feito com grupos, que deverão, conforme a orientação do coordenador, convergir todas as ações ou dividi-las.

ções prévias do que era o mais importante. Ficou evidente a dificuldade em jogar, alterando a ação imaginada previamente ou presente na narrativa, quando essa ação não está dentro da expectativa.

Existe uma grande dificuldade em trabalhar com todo o grupo em uma cena coletiva. A solução encontrada pelos jogadores para lidarem com essa dificuldade foi tentar se sobrepor aos demais, de tal forma que a própria ação fosse percebida, acreditando que assim os demais jogadores se submeteriam a essa "ação prioritária". Porém todos os participantes tentaram a mesma solução o que gerou uma confusão completa. Essa dificuldade fica evidente no depoimento da Priscila: "Foi difícil todo mundo no palco, foi engraçado porque foi a primeira vez que isso aconteceu. Interação de duas duplas no palco foi super legal e diferente".

Os jogos propostos para trabalhar essa dificuldade de interação do grupo foram "Dança das Cadeiras"[12], seguido de "Quadro de Cena"[13]. Nesses dois jogos o grupo teve que se perceber como um todo, em "Quadro de Cena" encontraram formas variadas de ocupar o palco. Ao retomarmos "Convergir e Redividir" a dificuldade inicial já havia sido superada.

As ações do conto ficaram claras através dos jogos e ao fazermos uma lista das ações que aparecem, observamos que muitas delas se repetem, além de algumas poderem ser englobadas por outras mais abrangentes. Essa ponderação já havia sido feita na primeira vez que jogamos o "Jogo de Orientação 1". A lista das ações definidas pelo grupo foi: ganhar presente, se arrumar, roubar, ficar chateada, adoecer, convocação, tentativa de animar, observar, descobrir, transformar, adorar, revelar, conferir, descobrir, surpreender, sacrificar-se, desprezar/abandonar, doar, transformar,

12. Jogo tradicional no qual todos os participantes dançam em volta de cadeiras dispostas lado a lado, no momento que a música para, o participante que não conseguir sentar fica de fora do jogo. Em cada rodada existe uma cadeira a menos que o número de participantes.

13. Já descrito no capítulo 2.

construir, investigar, apaixonar-se, desprezar, propor (casamento), adoecer, revelar, reconciliar-se, casar.

A compreensão dos conceitos da estrutura dos jogos se evidencia nas respostas dadas pelo Daniel à pergunta *O que é Onde, Quem e O Que no jogo teatral?* "Nos jogos teatrais o 'onde' é o lugar tanto fora como dentro do ambiente 'em que estamos', o quem somos nós representando algo que seria o 'que'".

Ao conversarmos sobre a possibilidade de fazermos uma peça sobre o conto *O Pássaro Verde*, houve um primeiro posicionamento dos alunos de que o número de cenários necessários seria excessivo. Questionei o grupo se o fato de não utilizarmos nenhum tipo de cenário quando jogamos nos impedia de ver o que se passava nas cenas. Foi muito interessante observar no grupo a descoberta da possibilidade de não trabalhar com um cenário realista. No momento que isso ficou claro, todos foram dando sugestões sobre como poderíamos trabalhar e quais as formas de construir as cenas, quanto ao cenário, figurino, iluminação e sonoplastia.

A estética realista é evidentemente o repertório dominante dos alunos. A principal referência é a da televisão, mesmo para os alunos que já foram ao teatro. Dessa forma, o repertório do qual eles podem lançar mão é restrito, sendo muito grande a dificuldade em imaginar possibilidades que não sejam de uma reprodução realista de cada um dos espaços.

Após essa conversa sobre as resoluções para uma montagem do conto *O Pássaro Verde*, definimos que seria com o conto que faríamos a peça. Essa definição ocorreu no décimo quarto encontro do grupo, no dia seis de junho. Apesar do meu interesse de que trabalhássemos com esse conto até o fim, contava com o risco de o grupo não se envolver com a história, porém não foi o que ocorreu. O interesse no conto permaneceu e continuamos por mais dois encontros trabalhando jogos que estabeleceram relações do conto com o mundo atual.

Trabalhamos alguns jogos que são sugestões dadas por Spolin para o momento de *Afinações*, pois me pareceu necessária a antecipação desses para o momento definido como primeiro período de ensaio. O jogo "Sombra"[14] deixou evidente que a diferença corporal entre os jogadores não é um impedimento para que a sombra ocorra, sendo fundamental que os dois estejam com o foco presente, mostrou a possibilidade da semelhança, mesmo quando a aparência física é tão diferente.

A percepção da possibilidade de semelhanças entre os jogadores, mesmo quando o físico de cada um é tão diferente, vem ao encontro da visão de que a personagem não precisa ser realizada por um ator que mais se assemelhe a ela em suas características físicas, conforme esclarece Pupo:

> Essa flexibilidade na relação entre o número de jogadores e o número de personagens constitui uma riqueza fundamental no processo de desenvolvimento da capacidade de jogo. Aquela visão tradicional de um tipo de teatro, segundo a qual cada papel deve ser preenchido por um ator cujas características físicas de preferência correspondam o mais possível às do personagem é assim profundamente questionada. Ela passa a ser considerada como apenas uma entre as múltiplas possibilidades de representação[15].

No jogo "Começo e Fim com Objeto", em que cada jogador deve compartimentar a fisicalização de um objeto, falando começo e fim para cada uma das partes, houve uma certa dificuldade em identificar o início e o fim de cada parte da ação. Porém ele fez com que cada um dos jogadores e nós, na plateia, pudéssemos visualizar o objeto com muito mais precisão, todos os objetos se tornaram presentes na gestualidade obtida pela compartimentarização da ação.

O cantar também foi trabalhado intensamente, tanto por ser incluído em alguns jogos, aquecimentos e relaxamentos, como por termos feito toda a narrativa do conto cantando.

14. Nesse jogo o grupo é dividido em dois times, um deverá fazer sombra ao outro.

15. Op. cit., p. 94.

No depoimento de Sidnéia, observamos a importância dada a essa atividade: "Eu adorei a forma que fizemos relax uma maneira bem diferente cada um cantando uma música até deitar. O mais legal é que ficamos até mais do horário combinado cantando. Está tão bom ver todos reunidos fazendo tudo juntos".

Nesse mesmo momento o grupo manifestou a necessidade de começarmos a trabalhar com a perspectiva da peça mais clara, texto definido e divisão de personagens também. Conversamos sobre como se daria esse processo e ficou decidido que no primeiro encontro, após as férias de julho, eu traria uma adaptação do conto para o teatro e então definiríamos as personagens. Essa definição ocorreu no penúltimo encontro antes das férias.

No último encontro do semestre, levei todas as fotos tiradas até aquele dia e retomamos os encontros por meio das fotos. Cada um dos alunos escolheu uma foto e propôs um jogo a partir dela. Vendo as fotos, cada aluno deveria identificar qual o jogo que estava sendo feito no momento que foi fotografado e propor para os demais a sua realização.

Os jogos escolhidos foram: 1º. Sombra; 2º. O que Estou Comendo?[16]; 3º. Jogo da Bola[17]; 4º. Um Só Espaço, a mesma personagem e uma ação para cada jogador; 5º. Modelagem da Personagem; 6º. Convergir e Redividir; 7º. Pega-pega de Animal, feito com caracterização corporal e vocal.

Após as férias de julho, voltamos ao trabalho comentando sobre quais os conceitos incorporados ao trabalho no decorrer do primeiro semestre. Pedi que cada aluno relembrasse um jogo que não se relacionasse com o conto e outro que houvesse sido feito partindo do mesmo.

16. Nesse jogo o grupo é dividido em dois e cada um escolhe uma comida para comer. A parte do grupo que permanece como plateia deverá observar as características das ações dos jogadores, que irão fisicalizar o ato de comer que foi escolhido.

17. Cada grupo escolhe uma bola e, em um semicírculo, joga-a entre os jogadores. A bola deve tornar-se real pelo contato dos jogadores com ela e entre si.

Na retomada dos jogos ficou muito clara a importância dada à *instrução* e à *avaliação* dentro de todo o processo. O grupo comentou o quanto eu orientava o desenvolvimento dos jogos na apresentação da proposta e através dos comentários feitos no decorrer deles. A *avaliação* não foi vista como um julgamento do trabalho, que tivesse parâmetros de certo e errado, e sim como uma forma de refletirmos sobre o ocorrido e sobre a manutenção do *foco*. Esclarecemos o conceito de *foco* através da retomada da maneira como os jogos foram apresentados e das orientações no decorrer dos mesmos.

A noção de espaço, personagem e ação estava bastante clara para todo o grupo. Retomamos os jogos feitos e a compreensão desses conceitos, assim como a relação deles com a montagem da peça.

Esclareci a importância de todos esses conceitos para o trabalho que iniciaríamos no segundo semestre, observando que seria essa a nossa forma de trabalhar a montagem da peça.

Apresentei para o grupo o roteiro das cenas da peça[18], baseado no conto e criado a partir das prioridades estabelecidas por todos nós. O roteiro apresentou cada momento do conto, com cada ação definida em uma cena. As personagens incluídas nas cenas também foram definidas no roteiro.

A ansiedade para definirmos as personagens estava grande, mas expliquei que só faríamos a divisão das personagens após a realização dos jogos propostos para cada uma das cenas. Cada jogador fez a personagem que queria, independentemente do sexo do ator/personagem.

No segundo capítulo deste trabalho foram apresentadas diversas cenas associadas aos jogos, que influíram na definição do texto dramático. A seguir relato as cenas que definiram aspectos da montagem no que diz respeito à atuação e não somente ao texto.

18. Ver capítulo 2.

Para a cena 6, na qual o pássaro rouba o pente da princesa, foi proposto que todos os movimentos fossem feitos em câmera lenta. A lentidão explorada nesse jogo foi incorporada ao momento em que o pássaro rouba a fita da princesa, após o roubo, tanto o pássaro, como a princesa se movimentaram em câmera lenta.

Para as cenas 7 e 8, nas quais a princesa ganha a fita do rei e o pássaro a rouba, foi proposto o jogo "Tensão Silenciosa"[19] seguido de um grito que poderia ocorrer no final do jogo quando a fita fosse roubada. Houve muita dificuldade em realizar esse jogo, o silêncio quase não apareceu, havendo pouquíssima tensão. Realizamos novamente esse jogo e foi mantida essa solução da tensão seguida do grito no final do roubo, quando encenamos esse momento da história.

Para a cena 26, na qual a princesa vai até o caixão e rejeita o príncipe com a mesma frase que ele a rejeitou, foi novamente proposto o jogo "Tensão Silenciosa", sendo que a única frase que deveria ser dita era a da princesa. Todos os participantes estavam em cena e, pela primeira vez, foi criada a tensão através do silêncio. O grupo explorou as expressões faciais e corporais e toda a narrativa que fazia parte da cena ocorreu em silêncio. No final da cena, o Giovanni e a Priscila, que faziam o príncipe e a princesa, não haviam entendido que a cena ia até o momento da reconciliação dos dois, o que fez com que se estendesse por muito tempo a rejeição dela por ele e eles acabaram perdendo a concentração. O restante do grupo reclamou muito deles rirem naquele momento, pois estavam todos muito envolvidos na cena.

No depoimento da Sidnéia observamos a intensidade do jogo acima citado: "Encostamos na parede com o corpo leve e a Ale fez como se o grito estivesse vindo de baixo para cima até chegar a boca onde gritaríamos com a maior força. Eu senti como se o meu corpo inteiro tivesse gritado junto".

19. Nesse jogo, a tensão entre os jogadores deve ser tanta que não possibilite a fala; tem como objetivo utilizar o silêncio para a construção da tensão em cena.

Na conversa na qual definimos as características da peça, iniciei o diálogo questionando como eles imaginavam o cenário da peça. A imagem apresentada era do quarto da princesa como um quarto de paredes de pedra, uma cama antiga, alta, com objetos de quarto de filmes de contos de fadas e imagens da Idade Média. Discutimos sobre como traduzir essa ideia para o palco, e ficou claro no decorrer da conversa que não existia a vontade de ter um cenário completamente naturalista, já que todo o tempo que estivemos trabalhando as cenas tínhamos o palco vazio.

Sugeri a utilização dos cubos associada a um objeto que simbolizasse o espaço da cena e essa sugestão foi imediatamente aceita pelo grupo. A minha impressão é de que essa sugestão veio ao encontro das expectativas que o grupo tinha. Acredito que o repertório estético dos alunos é muito pequeno, fazendo com que eles não descubram possibilidades que possam traduzir as suas ideias.

Essa situação me faz pensar que o professor é quem traz elementos e seleciona que concepção estética o trabalho terá. As relações do que trabalhamos com o cotidiano do aluno são permanentemente exploradas pelo grupo de alunos, assim como as soluções de cena, porém no momento da tradução dessas soluções para o cenário, figurino, sonoplastia e iluminação do espetáculo se faz necessária a intervenção do professor.

Embora Spolin entenda o primeiro período de ensaio como o momento que vai desde o contato inicial com o texto, até a definição de todas as cenas, com as marcações pertinentes, entendi que ao chegarmos na definição do texto dramático, após a exploração dos jogos associados à cena, entrávamos no momento definido como o segundo período de ensaio. A exploração das cenas por meio dos jogos vai ao encontro da proposição de Spolin, quando ela diz que o diretor deverá estar atento para que as propostas e as marcações de cena não sejam amarras impostas aos atores.

No quarto capítulo do livro, entramos no período de *escavação* da montagem. Spolin entende que, quando chegamos a esse ponto, a peça estará toda marcada, os atores já saberão suas falas e os papéis estarão claros.

No experimento realizado com o grupo Pé Sujo, após a leitura da adaptação proposta por mim para o grupo, definimos quais jogadores/atores fariam quais personagens. Essa escolha foi feita levando-se em conta a experimentação do conto através dos jogos. No desenrolar do trabalho cada aluno se identificou mais com uma das personagens e escolheu a que mais tinha vontade de fazer.

Apesar dessa experimentação ter possibilitado encontrarmos diversas soluções para as personagens, ainda tivemos uma escolha consideravelmente pautada em aspectos físicos das personagens, especificamente para as personagens do rei e da princesa. A referência da princesa como alguém frágil e delicada e do rei como gordo e bonachão se fez presente no momento da escolha, assim como durante todo o processo de experimentação dos jogos.

Mesmo não existindo de minha parte nenhum posicionamento que levasse a uma escolha pautada nesse referencial, todos os alunos escolheram para fazer a princesa a aluna que mais se aproximava desse perfil físico; e para o rei, o aluno que tinha esse tipo, que, logo ao entrar em contato com a história, declarou que gostaria de fazer essa personagem.

Os jogadores/atores que fizeram as personagens do príncipe e da princesa não fizeram nenhuma outra; os demais jogadores atuaram com duas personagens cada um. Essa definição deveu-se ao número de cenas nos quais a princesa e o príncipe estão presentes.

Os trabalhos propostos para o segundo período de ensaio tiveram o objetivo de trabalhar cada uma das cenas, de tal forma que todas elas tivessem seu começo e fim definidos e que cada uma contribuísse para a construção da peça.

Para iniciarmos o trabalho de construção de cada uma das cenas dei para cada um dos alunos uma pasta/caderno. Montei essa pasta na qual havia um plástico para que o texto da peça pudesse ser guardado e folhas em branco para que cada um pudesse anotar o que observasse como soluções interessantes para as cenas, a partir dos jogos e ensaios que fizéssemos. Retomei então todos os jogos feitos desde o primeiro encontro e junto com o grupo lembramos como haviam ocorrido. Cada um anotou aquele que lhe parecia interessante para ser utilizado para as cenas.

Spolin considera que os textos trabalhados são, de maneira geral, peças de teatro que tenham uma estrutura dramática tradicional. Em diferentes momentos do livro observamos que o enfoque dado ao texto tem em conta que os textos trabalhados serão peças teatrais, não considerando a possibilidade de serem outras formas literárias (tampouco excluindo). Ela não trabalha também com a possibilidade de um texto que seja construído pelos participantes do processo no decorrer dos ensaios. Não existe na proposta nada que impeça tal opção, porém parte do pressuposto de que o texto a ser ensaiado é uma peça de teatro, previamente escolhida pelo diretor.

Na minha experiência como professora observo que nem sempre é dessa forma que a escolha é feita. Muitas vezes são trabalhados textos que são escolhidos coletivamente, sendo que algumas vezes essa escolha se deve a interesses da escola como um todo, seja por um tema que está sendo trabalhado ou por algum projeto no qual o grupo está inserido.

Nos defrontamos também com um outro aspecto que é o número de participantes, de maneira geral muito superior ao número de personagens das peças, o que nos obriga a fazer adaptações do original para que todos os alunos possam atuar.

O contato com o texto dramático formalizado, embora tenha sido precedido de diversos momentos de jogos e de um domínio já significativo da história, ainda foi um elemento muito limitador e intimidador. Nesse primeiro contado do

grupo com o texto, tendo as cenas escritas, ficou evidente o quanto a definição das falas pode ser um fator que imobiliza os jogadores para a manutenção do jogo nas cenas.

Entretanto, após uma semana de intervalo e de reflexão individual para a definição de quais jogos poderiam ser utilizados em quais cenas, o texto deixou de ser um limitador e o jogo se fez presente novamente. Foram trazidas sugestões principalmente para as cenas nas quais o aluno iria participar, atuando diretamente.

Esse momento evidenciou o quanto o jogo estava incorporado ao processo de trabalho e à perspectiva da montagem. Parecia claro para o grupo que as cenas fossem construídas a partir dos jogos e não com uma definição prévia de minha parte, como diretora, para as ações que deveriam ser realizadas.

Fizemos todas as cenas com os textos nas mãos, porém esse dado não foi um limitador para o jogo como no momento anterior. Os alunos se dispuseram a jogar e interagiram entre si, apesar da necessidade de ler as falas. O texto deixou de ser o único elemento de preocupação e eles voltaram a incorporar o jogo como parte do processo de montagem das cenas.

Algumas cenas apresentaram soluções muito interessantes: a cena 8, na qual a princesa está no nicho, tanto o "Jogo do Preso", feito pela princesa, como o do "Espelho" e o do "Contato com os Olhos"[20], feito pelas donas de casa, possibilitaram uma grande interação entre elas e com a situação da cena. Ao explorarmos essa cena, conversei com a aluna que fez a princesa para que ela não ficasse presa às imagens de princesas colocadas nos filmes da Disney e não tentasse, a todo momento, fazer um tipo delicado e frágil. Essas características estavam muito presentes no encontro anterior, principalmente na voz que a aluna tentava fazer. Essa observação abriu para ela a possibilidade de entrar em contato com outras soluções, não se atendo ao estereótipo de

20. Já explicados anteriormente.

princesa como alguém frágil e incapaz. Em todas as cenas que trabalhamos, ela apareceu com uma gama de emoções e gestos muito ampliada e mais verdadeira.

As cenas de narração foram aquelas nas quais mais se explorou as alterações no texto. A aluna que fez a narradora tinha muita tranquilidade em relação ao texto e com o fato de atuar, e, ao fazer as cenas, incluiu falas que lhe pareciam necessárias. O fato de não serem diálogos a deixou com maior mobilidade.

Na cena 15, cena do velório do príncipe, a sugestão de utilizar o jogo "Partes de um Todo"[21] possibilitou uma grande interação entre as personagens que estavam no velório do príncipe como povo. Eles foram se moldando e remoldando conjuntamente, o que deu muita força para cada um. Estar em cena conjuntamente fez com que eles explorassem mais expressões para as personagens.

A seguir apresento os jogos trabalhados nas cenas.

Jogos para as Cenas

Cena 1

Narração com gesto sustentado

Cena 2

Sentindo o eu com o eu
Dificuldade com pequenos objetos
O que está além (fuga do pássaro)
Envolvimento com o ambiente imediato
Transformando a emoção
Cabo de guerra
Começo e fim com objetos
Sombra
Espelho
Explorar e intensificar

21. Nesse jogo cada jogador entra como parte de um todo, que poderá ser uma máquina, um objeto ou algo indefinível.

Câmera lenta
Tensão silenciosa

Cena 3

Narração com gesto
Conversa entre os dois
Canto

Cena 4

Dificuldade com pequenos objetos
Conversação com envolvimento
Sem usar as mãos

Cena 5

Ver a palavra
Câmera lenta (para o menino)
Explorar e intensificar

Cena 6

Explorar e intensificar
Contando um incidente
Envolvimento com o ambiente imediato
Transformando a emoção

Cena 7

Começo e fim com objetos
Explorar e intensificar
Sussurro no palco
Contato com os olhos

Cena 8

Contato com os olhos
Quadro de cena
Câmera lenta
O que está além?
Jogo do espelho
Transformando a emoção
Preso

Cena 9

Contando um incidente
Modelando a personagem
Transformando a emoção
Explorar e intensificar

Cena 10

Narração com gestos

Cena 11

O que está além?
Explorar e intensificar
Conversação com envolvimento

Cena 12

Dar e tomar (com um objeto)
Convergir e redividir
Quadro de cena
Orientação nº 1
Explorar e intensificar (para o príncipe)

Cena 13

Exercício para as costas

Cena 14

Transformando a emoção

Cena 15

Contato com os olhos
Tensão silenciosa
Convergir e redividir
Quadro de cena
Partes de um todo
Transformando a emoção
Dar e tomar

Cena 16

Telefone sem fio
Canto

No capítulo "O Segundo Período de Ensaio", de seu livro, Spolin também ressalta a importância de serem feitos ensaios corridos e o maior número de apresentações possíveis. Assim, para que fosse possível a realização de ensaios corridos, marcamos com o grupo um final de semana, no qual passaríamos cinco horas ensaiando no sábado e outras cinco no domingo.

Como já havíamos decidido que o cenário seria composto de seis cubos pretos, providenciei que eles estivessem prontos para esse dia. A existência dos cubos criou uma nova relação com as cenas, que tomaram corpo e espaço. O que antes ficava como ideia de movimentação, agora se tornou experimentação sobre um determinado formato. O fato de o espaço estar definido deu muito mais liberdade para que todos pudessem experimentar soluções para cada um dos momentos da peça.

Nas imagens ao lado é possível observar as diferentes posições dos cubos que criaram os cenários.

Nos ensaios corridos pôde-se passar toda a peça e verificar como estavam a sequência e a relação entre as cenas. Embora não tenha sido possível nos determos em cada cena, conseguimos observar a relação entre todas elas e também a maneira pela qual o espaço foi ocupado, definindo uma unidade para toda a peça. Foi a primeira vez que também trabalhamos sem os textos. Os alunos falavam o que já tinham memorizado e quando a cena emperrava, alguém de fora dizia a fala para que ela pudesse continuar.

Os figurinos foram compostos, em sua grande parte, com roupas encontradas pelos alunos. Definimos conjuntamente as características que deveriam ter e no decorrer dos encontros, cada um dos alunos trouxe elementos que pudessem ser utilizados. Apenas os figurinos do rei e da narradora foram confeccionados especialmente para a apresentação. A maior parte das roupas foi incorporada pelo ator/jogador no decorrer dos encontros, pois, conforme foram encontradas as soluções de figurino, passaram, imediatamente, a serem utilizadas em todos os momentos.

A maquiagem foi utilizada apenas nos dias de apresentação, já que não dispúnhamos de material para sua exploração prévia e não fizemos a opção de utilizar recursos especiais para a transformação do rosto dos atores. Manteve-se o trabalho com a expressão como base.

A sonoplastia foi sugerida por mim em quase sua totalidade. No encontro em que fizemos o primeiro ensaio corrido, levei diversas possibilidades de músicas a serem utilizadas. Os alunos também apresentaram algumas sugestões. A seleção de quais músicas seriam incorporadas foi feita com a experimentação em cena. Realizamos as cenas com as várias possibilidades, e a música que melhor se adequava foi a escolhida.

A iluminação foi montada apenas no dia da apresentação, já que não tínhamos equipamento próprio e o custo do aluguel, não nos permitia obter o material mais dias. Devido a problemas na instalação, não foi possível fazer nenhum ensaio com as luzes, o que nos obrigou a descobrir soluções no decorrer da apresentação. Como a operação da mesa de luz foi feita por mim, que conhecia todos os momentos da peça, não encontrei maiores dificuldades em sua realização.

Dentro do possível, todos os elementos que compunham a apresentação foram incorporados ao processo de montagem, não o fizemos apenas quando a falta de recursos nos impediu.

Nas respostas dadas para a pergunta *Quais as relações que você estabelece entre jogo e cena?* podemos observar a importância do jogo para a construção das cenas.

- *Eles estão ligados, os jogos formam uma cena, que forma uma história*. Mariana.
- *Uma das relações que predomina entre jogo e cena é que ambos são determinados por um bom desempenho no palco*. Edmilson.
- *Jogo é um super exercício para se formar uma cena, sem o jogo não tem cena*. Priscila.

Cama da princesa.

Janela do príncipe.

Ponte de cristal.

Nicho.

- *Cada jogo se encaixa em cada cena ou vários jogos ao mesmo tempo.* Daniel.
- *Os jogos teatrais ajudaram muito quando foram montadas as cenas, mas nós vimos a sua importância ao chegar no palco e usá-los para desempenhar o papel do personagem. O jogo é muito importante para que a cena corra bem e se torne mais fácil!* Solange.
- *As relações entre jogo e cena, eram feitas de acordo com as semelhanças do que ocorriam entre cena e jogo.* Giovanni.

É também nesse capítulo que Spolin ressalta a importância de ocorrerem várias apresentações, o que vem a ser outra questão que pode se diferenciar do processo vivido pela maioria das escolas. Muitas vezes as apresentações são programadas para ocorrerem apenas uma vez, entretanto acredito que essa característica se deve à crença de que a apresentação não faz parte do processo de trabalho. Ao entendermos que boa parte da construção do trabalho se dará com a presença da plateia, poderemos organizar o calendário escolar de tal forma que possibilite mais do que um momento para a apresentação.

Afinações

No quinto capítulo, "Afinações", são propostos jogos que possam solucionar os problemas que surgiram no decorrer dos ensaios. Dessa forma, a autora apresenta alguns aspectos da montagem que poderão ser trabalhados através dos jogos sugeridos.

A memorização é um problema permanente. Fica clara a necessidade de que as falas sejam memorizadas pelo processo de jogo e não no trabalho individual do ator, descontextualizado das cenas e das relações estabelecidas com os demais jogadores.

Porém, apesar da exploração pelo jogo, algumas dificuldades em dizer parte das falas se fez presente. Uma delas

foi na cena do arauto, pois cada vez que ele iniciava a cena, esquecia o texto. Estava evidente que o problema não era com o texto, pois fora de cena o aluno tinha pleno domínio do que deveria dizer.

Foram feitas diversas tentativas de resolução desse problema, tanto por meio de jogos como de conversas para identificar a razão da dificuldade. Uma das alunas comentou que isso devia estar acontecendo porque ele ficava com muita vergonha de ficar em tanta evidência na cena e "travava". Ele concordou com o comentário e após identificarmos a provável razão, o aluno conseguiu realizar a cena[22].

O contato é outro aspecto fundamental para o trabalho. Embora esse conceito já tenha sido apresentado anteriormente, assim como os jogos para o seu desenvolvimento, aqui é retomado, com novas propostas de jogos e com o entendimento do papel da plateia como parte integrante da relação.

Nesse momento do trabalho, a existência da plateia (não apenas a formada pelo próprio grupo, mas a que existirá com a apresentação) se faz muito mais evidente. Dessa forma, o contato ocorre não apenas entre os atores/jogadores, mas também com a plateia.

Percebi a necessidade de retomarmos um contato mais intenso entre o próprio grupo. A aproximação do dia da apresentação e as preocupações com os elementos técnicos da montagem distanciavam o grupo. Propus o "Jogo dos Abraços"[23] como forma de retomar essa proximidade.

A realização do jogo possibilitou a retomada da proximidade que estava em risco de ser perdida. No segundo dia em

22. Essa cena era o único momento que ele ficava tão destacado e esse pareceu ser o motivo da dificuldade nessa exposição. Além de identificarmos o motivo da perda de memória momentânea, eu, como coordenadora do trabalho, ameacei-o de perder a cena caso não conseguisse realizá-la. Discutirei essa atitude no quinto capítulo.

23. Esse jogo foi criado por mim e consiste em dividir o grupo em duas filas. De forma aleatória os participantes irão se abraçar no meio do espaço de jogo, buscando diferentes formas de realizar o abraço. Como todos os participantes observam os abraços dados, todos devem buscar soluções que se diferenciem das já realizadas.

que o realizamos, o grupo pediu que eu também participasse, o que fez com que todos também se sentissem mais próximos a mim. Entendi ser necessário um contato corporal para que o contato em cena pudesse ser mantido.

Tal jogo também foi incorporado à cena 2, quando a princesa recebe os presentes do rei, seu pai. Nessa cena existia uma enorme dificuldade de contato entre os dois atores/jogadores e o contato físico possibilitado pelo abraço[24] fez com que o contato surgisse.

O silêncio também é enfocado como parte do trabalho, como um espaço dentro do qual os movimentos acontecem e que deve ser percebido pelo ator para que se aproprie dele.

Talvez a principal dificuldade do grupo tenha sido em deixar o silêncio como parte das cenas, principalmente quando o silêncio se devia a momentos de tristeza das personagens. Fisicalizar algumas das emoções era especialmente difícil e a tristeza foi uma delas. Foi pela realização de jogos que trabalhavam diretamente essas emoções que conseguimos nos aproximar delas.

O Terceiro Período de Ensaio

No sexto capítulo, é dado o acabamento à peça. Deve-se tomar cuidado para que o trabalho não *crie bolor*, não seja tomado por desânimo e repetição desvitalizada. São apontados aspectos para os quais o diretor deverá ficar atento para não ocorrerem.

Com o grupo Pé Sujo, embora existisse um maior domínio sobre a estrutura da peça, resolvi propor jogos que não permitissem uma acomodação e consequente endurecimento das cenas. Realizamos o ensaio, fazendo toda a

24. Encenamos algumas vezes com as personagens abraçadas todo o tempo.

peça em *blablação*[25]. Todos acharam muito divertido, para minha surpresa, pois imaginei que pudesse existir alguma resistência. Ao comentarmos esse ensaio, a opinião geral foi de que fazer a peça em *blablação* permitiu brincar mais com as cenas e perceber qual era a intenção de cada momento, independentemente das palavras.

Apesar do meu cuidado em propor jogos que tentassem evitar a mecanização das cenas, ela ocorreu em diversos momentos do trabalho e foi a manutenção dos jogos que pôde romper essa postura de domínio prévio e ruptura de relação, de presença.

Spolin aponta aqui a necessidade de que o diretor não demonstre para o grupo os seus medos com relação à apresentação e que adéque suas expectativas às do grupo com o qual está trabalhando.

Considero esse aspecto muito importante: o professor deverá trabalhar a própria expectativa, tendo claro que não tem pela frente um grupo de profissionais e, portanto, não poderá exigir do grupo uma atuação a esse nível. Cada faixa etária com a qual estiver trabalhando tem suas especificidades e possibilidades, e o professor só poderá ficar satisfeito com o trabalho realizado quando levar em conta essas características.

Além de lidar com as próprias ansiedades e expectativas, o professor também terá que lidar com as do grupo de alunos, que já terá padrões de atuação e que, para obter a satisfação com a peça apresentada, deverá questionar esses padrões, podendo escolher e valorizar a forma teatral que resultar do processo de trabalho do grupo.

Spolin entende que, no momento da apresentação, o grupo deve estar independente do diretor, sabendo se organizar sem que ele fique nos bastidores. Os ensaios corridos especiais são sugeridos como forma de cortar o cordão umbilical e promover a autonomia do grupo.

25. A blablação trabalha a fala sem o uso da língua, apenas com sons, buscando uma compreensão do que está sendo dito pelos demais elementos da cena.

No último capítulo, são apontados diversos jogos para serem realizados no decorrer dos ensaios, ressaltando-se a importância de que em todos os ensaios algum jogo teatral aconteça.

A personagem é aqui explorada por meio de muitos jogos, desde que se tenha clara a maturidade do ator para os mesmos. A construção da personagem deverá se realizar através do jogo, nas relações estabelecidas entre os atores para que não se torne uma construção mental.

Na proposta de Viola Spolin, observamos um formato de manual no qual o diretor poderá se basear para a utilização dos jogos teatrais na montagem de um espetáculo. Ao organizar o livro com uma divisão de passos que o diretor deverá dar para chegar à montagem de uma peça, a autora exemplifica uma forma pela qual o diretor poderá se apropriar dos jogos já propostos anteriormente em *Improvisação para o Teatro*.

As escolhas feitas por Spolin, dentro do livro, definem sua visão sobre o que deve e o que não deve ser valorizado pelo diretor e quais posturas ele deverá tomar na montagem de uma peça.

Sendo um livro destinado ao diretor teatral, levantamos um dos aspectos da postura que a autora propõe, que é de uma relação não autoritária para com o grupo que dirige. Essa questão se faz presente em toda a construção do trabalho proposto no sistema de jogos teatrais. Na proposição dos jogos temos uma estrutura definida pelas *regras* que faz com que não exista um juiz. Todo o grupo de jogadores tem condições de acompanhar a adequação de cada integrante do jogo, já que as regras são de domínio comum.

A avaliação, pautada no *foco*, também demonstra essa mesma postura não autoritária por parte do diretor, já que estará baseada na observação do que ocorreu no jogo, se o *foco* foi mantido e as regras respeitadas, não tendo como referência o bom ou o mal desempenho.

Em todos os momentos do processo de ensaio, desde a escolha da peça e do elenco, são pontuadas atitudes que propõem para o diretor uma postura de cumplicidade, de trabalhar conjuntamente com o grupo de atores.

Spolin em *Improvisação para o Teatro* apresenta conceitos e jogos que possibilitam a sua utilização em uma montagem, porém *O Jogo Teatral no Livro do Diretor* tem a qualidade de orientar o diretor na seleção dos jogos e na postura a ser tomada dentro de um processo de montagem.

É um livro que possibilita o estabelecimento de relações entre os jogos e os vários momentos de uma montagem, clarificando os passos desse caminho e abrindo possibilidades de resgate de outros jogos propostos nos demais livros da autora.

5. O TEATRO E O APRENDIZADO

Lapidar minha procura toda
[...]de me lapidar
neste momento agora de me recriar
de me gratificar
te busco, alma, eu sei.

MILTON NASCIMENTO e ZÉ RENATO, "Änïmä"

Este capítulo pretende discutir a importância do ensino de arte, assim como da presença da arte no ensino. A linguagem trabalhada e sobre a qual discutiremos é o teatro, entretanto essa discussão pode ser ampliada para as demais linguagens, sem com isso retirar as especificidades de cada uma delas.

Entender o papel da arte dentro do aprendizado passa, inicialmente, pela discussão do papel da escola na formação de cada um. A educadora Terezinha Azeredo Rios propõe uma discussão sobre o que vem a ser ensino de qualidade:

O ensino da melhor qualidade é aquele que cria condições para a formação de alguém que sabe ler, escrever e contar. Ler não apenas as cartilhas, mas os sinais do mundo, a cultura do seu tempo. Escrever não apenas nos cadernos, mas no contexto de que participa, deixando seus sinais, seus símbolos. Contar não apenas números, mas sua história, espalhar sua palavra, falar de si e dos outros. Contar e cantar – nas expressões artísticas, nas manifestações religiosas, nas múltiplas e diversificadas investigações científicas[1].

Partindo desse entendimento, quanto ao significado da qualidade no ensino, observamos a necessidade das expressões artísticas dentro da formação.

Para aprendermos a ler, escrever e contar, dentro da perspectiva apresentada por Rios, necessitamos entender a formação como um processo de construção de sentido, a construção de um sentido que só será possível na proposição de que cada aluno possa criar a sua história, possa inventar permanentemente as formas pelas quais quer estar no mundo e possa dialogar com os seus colegas para a construção de um espaço comum.

Para que possamos ser *construtores de nós mesmos*, precisamos acreditar que o conhecimento a ser transmitido na aprendizagem não é algo fechado e pré-definido, o que desconsideraria as relações estabelecidas no momento exato de sua construção. Se entendermos o conhecimento como algo previamente definido, não há nada além da reprodução enfadonha, que congela a capacidade de novas perspectivas para o estar no mundo, para o existir.

A pesquisadora Sanny S. da Rosa, ao discutir o papel da brincadeira no aprendizado, enfatiza:

A escola é, portanto, um lugar aberto, um espaço potencialmente transcendente. Ou, em outras palavras, um espaço de criação. A beleza do que se passa na escola – daí sua afinidade com a arte – vem do fato de que não é um "registro da realidade", mas lugar privilegiado de trânsito entre o real e seus múltiplos sentidos, entre a tradição e a criação[2].

1. *Compreender e Ensinar*, p. 138.
2. *Brincar, Conhecer, Ensinar*, p. 52.

A presença da arte é fundamental para que na formação possa ser vivenciado esse trânsito entre o real e o imaginário, entre o real, como está definido, e a possibilidade de transformação dessa realidade. Somente na exploração do imaginário é que conseguiremos encontrar novas soluções para a construção de uma sociedade que se aproxime dos valores de justiça, igualdade de oportunidades, garantia dos direitos básicos para todos, busca da felicidade.

Rios apresenta, com muita propriedade, o conceito de *felicidadania*, dentro do entendimento da felicidade como uma busca conjunta de cidadania.

> É preciso deixar de lado a ideia "hollywoodiana" de felicidade, identificada com uma vida "cor-de-rosa", sem conflitos e contradições. Se afirmarmos que felicidade é outro nome para o bem comum e que o bem comum é o bem coletivo, bem público, queremos dizer que ela se identifica com a possibilidade de participar criativamente da sociedade, dizer sua palavra, ser ouvido e reconhecido em sua identidade, ser considerado e saber considerar no coletivo[3].

Entendo que o ensino de arte gera essa condição de *participar criativamente da sociedade*. Se não experenciamos o processo de criação dentro da nossa formação, não há como compreender esse conceito. A experiência é necessária para a compreensão da possibilidade de estar no mundo de forma criativa.

A busca da felicidade é fundamental para que o aprendizado seja compreendido dentro do espaço do prazer, da relação amorosa que possibilita o conhecimento, conforme salienta M. C. Cortela:

> Assim, a criação e recriação do Conhecimento na escola não está apenas em falar sobre as coisas prazerosas, mas, principalmente, em falar prazerosamente sobre as coisas; ou seja, quando o educador exala gosto pelo que está ensinando, ele interessa nisso também o

3. Op. cit., p. 120.

aluno. Não necessariamente o aluno vai apaixonar-se por aquilo, mas aprender o gosto é fundamental para passar a gostar[4].

Colocar-se na relação de ensino-aprendizagem, tendo interesse pelo que é apresentado para o grupo de alunos, é condição mínima para que essa relação tenha uma base que poderá gerar espaços de criação. Sem o interesse, não ocorre envolvimento e sem o envolvimento com o objeto de estudo não existe a possibilidade de criação. Portanto, para que se estabeleça um estado criativo é necessária a condição básica de envolvimento com o que se estuda, possibilitando o aprendizado.

Outra condição para a criação ocorrer é o reconhecimento do outro, seja na relação professor-aluno, seja na relação aluno-aluno. O pesquisador Humberto Maturana nos apresenta um entendimento do amor como sentimento que possibilita o reconhecimento do outro:

> O amor é a emoção que constitui o domínio de ações em que nossas interações recorrentes com o outro fazem do outro um legítimo outro na convivência. As interações recorrentes no amor ampliam e estabilizam a convivência; as interações recorrentes na agressão interferem e rompem a convivência[5].

Será unicamente com o reconhecimento do outro como outro e, portanto, de alguém que terá necessidades e características diferentes das suas próprias, que o professor poderá estruturar sua proposta de ensino. Da mesma forma, dentro dessa perspectiva é que o grupo de alunos poderá conviver e descobrir aproximações que os levem a uma construção de um bem comum.

No trabalho realizado com o grupo de teatro Pé Sujo, procuramos construir alguns bens comuns. Entendo ter sido na percepção do grupo como um coletivo que apresentava necessidades e características específicas, no encaminhamento do trabalho fundamentado no amor e na relação prazerosa

4. *A Escola e o Conhecimento*, p 123.
5. *Emoções e Linguagem na Educação e na Política*. p. 22.

com nosso objeto de pesquisa e tendo como busca a felicidade, que esses bens puderam surgir. Ressalto, a seguir, alguns aspectos que possibilitaram essa conquista.

A estrutura que o jogo teatral apresenta, solicita, em quase sua totalidade, a necessidade de ser estabelecida uma relação entre os pares para que o problema proposto possa ser solucionado. Dessa forma, somente com a disponibilidade para trabalhar junto é que o jogo poderá ocorrer, resultando daí uma integração que se dá tanto pela necessidade de observação do outro como pelo prazer da conquista comum.

A impossibilidade de resolução das proposições individualmente faz com que essa relação coletiva se fortaleça e crie unidade, cada um se reconhecendo como integrante de um coletivo.

Desde o início do trabalho, foram realizadas algumas atividades pelos participantes que denotaram o cuidado de todos com o bom andamento do projeto. Uma das dificuldades que tínhamos era com respeito à limpeza da sala. Para que pudéssemos trabalhar com o chão limpo, desde o segundo encontro, os alunos se dispuseram a chegar antes do horário para organização e limpeza do espaço. No primeiro dia, a sala estava totalmente preparada para nosso encontro antes de minha chegada à escola. Nos demais dias nem sempre essa preparação foi anterior, porém era feita com a tranquilidade de quem "arruma a mesa".

Em todos os encontros um dos alunos trouxe um aparelho de som e os demais foram se revezando para trazer músicas que utilizamos no relaxamento ao final do trabalho. Não foi solicitada por mim essa colaboração, mas ela foi totalmente integrada ao trabalho de equipe.

No sexto encontro com o grupo levei um lanche comunitário e um pequeno ovo de Páscoa para cada um dos alunos. A realização desse lanche comunitário fez com que todo o grupo se sentisse valorizado e cuidado. A atenção e importância demonstrada por mim para com eles foi extremamente apreciada pelos participantes.

Em diversos momentos do nosso projeto retomamos o lanche coletivo como forma de aproximação do grupo. Quando nos aproximamos do momento da apresentação, os alunos sugeriram que em todos os encontros fossem feitos lanches coletivos, com a contribuição de todos. Dessa forma, o intervalo passou a ser um momento de aproximação e trocas entre o grupo. Pelo fato de lancharmos juntos, passamos a compartilhar aspectos da vida pessoal de cada um, pois nem sempre tínhamos um momento para tal. O momento do lanche também possibilitava a conversa sobre acontecimentos no decorrer dos ensaios, que não tinham sido compartilhados na avaliação.

No domingo, último dia das apresentações, decidimos que comemoraríamos a realização do trabalho comendo uma pizza, na minha casa e, em todos os encontros posteriores, para avaliação do projeto, foram levados alimentos para que o lanche coletivo pudesse se realizar.

A realização do lanche coletivo passou a simbolizar a possibilidade de trocas e do compartilhar cotidiano. As questões, dúvidas e conflitos, assim como as brincadeiras ocorridas no lanche, construíram uma relação entre todos nós que permitiu um maior envolvimento e aprofundamento no trabalho conjunto.

Protocolo

A avaliação foi fundamental para a realização desse projeto. O instrumento de avaliação foi o protocolo. Proposto por Koudela em *Texto e Jogo* como forma de registro questionador e propulsor, o protocolo foi incorporado ao trabalho junto ao grupo de teatro Pé Sujo desde o segundo encontro.

Os protocolos, realizados individualmente após cada encontro, possibilitam outra forma de avaliar o trabalho, como explica Koudela:

A síntese da aprendizagem, materializada pelo protocolo, tem sem dúvida a importante função de aquecer o grupo, promovendo o encontro. O protocolo possibilita maior delimitação do foco de investigação em cada momento da aprendizagem. Eficiente instrumento na gestão intragrupal, o protocolo revelou-se um instrumento radicalmente democrático, ao permitir a articulação de um método que busca a prática da teoria e a teoria da prática[6].

Dentro de uma visão de que a avaliação é um momento de retomada do que foi realizado e um questionamento das possibilidades que se seguirão a partir de então, é que esse sistema foi escolhido.

Na proposta de jogos teatrais, a avaliação participa intensamente do entendimento e da experimentação do jogo. Para que o jogador possa identificar qual o *foco* de cada um dos jogos, e se ele se ateve ao mesmo, é fundamental o momento de avaliação. Spolin esclarece:

> A avaliação verdadeira, que está baseada no problema (Foco) a ser solucionado, elimina críticas e julgamento de valores e dissolve a necessidade do professor/jogador e/ou o jogador/aluno dominar, controlar, fazer preleções e/ou ensinamentos. Essa interação e discussão objetiva entre jogadores e grupos de jogadores desenvolvem confiança mútua. Forma-se um grupo de parceiros e todos estão livres para assumir responsabilidade pela sua parte do todo, jogando[7].

No jogo teatral, a avaliação ocorre com a participação de todos os envolvidos: jogador, plateia e coordenador. A clareza sobre os objetivos de cada jogo possibilita que não se vivencie a avaliação como um momento punitivo, e sim como a reflexão necessária para a tomada de consciência e para a apropriação da experiência obtida com o ato de jogar.

Observamos, no depoimento de Spolin, a importância do *foco* para que a avaliação não se transforme em uma busca por parte dos alunos/jogadores por satisfazer as expectativas do coordenador/professor. O problema a ser solucionado, proposto pelo *foco*, é o que irá gerar parceria

6. *Brecht na Pós-Modernidade*, p. 91-92.
7. *Jogos Teatrais: O Fichário de Viola Spolin*, p. 33.

entre os jogadores, possibilitando que o jogo desenvolva-se com liberdade.

Outro elemento que compõe o jogo teatral e que se relaciona diretamente com a avaliação é a *Instrução*. A maneira com que o professor/coordenador mantém o *foco* presente, por meio das instruções dadas ao jogador, faz com que ele trabalhe como parceiro e não como um elemento distante, que detém o poder de julgar o ocorrido.

Podemos observar o entendimento dado à avaliação pelo grupo de alunos, nas respostas à pergunta: *Como você vê a avaliação?*

- *Vejo como uma forma de melhorar, sempre.* Mariana.
- *Vejo como uma maneira de melhorar cada jogo ou cena.* Edmilson.
- *Ótima, para sabermos do que e onde queremos chegar.* Priscila.
- *Nos ajuda a ver nós mesmos com outros olhos.* Daniel.
- *Eu vejo a avaliação como uma forma de se conversar e de se resolver as cenas e os jogos, no curso isso se tornou uma coisa habitual, muito bom!* Solange.
- *As avaliações foram muito boas pelo menos para mim, pois assim eu pude melhorar nos outros jogos o que não fiz bem no outro.* Giovanni.

Para a realização dos protocolos junto ao grupo de teatro Pé Sujo definimos qual seria o responsável pelo protocolo de acordo com a disponibilidade que cada aluno apresentava. Não foi em todos os encontros que os alunos trouxeram o protocolo, mas mesmo quando ele não foi trazido, iniciávamos o trabalho retomando as atividades do encontro anterior.

Todo início de aula fazíamos uma roda para a leitura do protocolo, discutindo os conceitos apresentados, com os esclarecimentos de minha parte sobre qual seria o trabalho daquele dia. Nesse momento também resolvíamos problemas de relacionamento do grupo, quando necessário.

O estabelecimento de uma roda de conversa no início do trabalho fez com que ficasse clara a possibilidade de que cada um dos participantes trouxesse sugestões ou reclamações para o grupo.

Em nenhum momento existiu dúvida sobre meu papel de coordenadora. O entendimento do que é a coordenação de um trabalho foi estabelecido dentro desse prisma, que ensinar ou coordenar não significa retirar a possibilidade de diálogo e de posicionamento por parte dos alunos.

A compreensão do papel do coordenador por parte dos participantes pode ser entendida pelas respostas dadas à pergunta *Como você vê o papel da Lelê*[8], *coordenadora do trabalho?*

- *No começo você pediu para não te chamarmos de professora*[9], *mas até hoje eu ainda a vejo assim, pois você me ensinou muita coisa como uma professora amiga, coordenadora e compreensiva.* Mariana.
- *Eu vejo como uma amiga, mãe, as vezes dura, as vezes cansada mas uma ótima profissional no trabalho que ela exerce, além disso ela tem uma ótima visão do que é realmente teatro e que futuramente poderá render frutos para os outros e principalmente para ela.* Edmilson.
- *Uma super diretora, super amiga, super mãe, super professora. Ela ajudava em todos os momentos, ficava brava nas horas certas e feliz em quase todas as horas. Super legal e engraçada.* Priscila.
- *Uma amiga-coordenadora que nos ajuda em nossas dificuldades, seu papel é muito assustador e exigente, isso como coordenadora, mas como Lelê, muito amiga e compreensiva.* Daniel.
- *Eu já havia feito oficina de teatro e esse curso trouxe uma coordenadora muito aberta a pessoas de personalidades*

8. O meu apelido é Lelê.

9. O meu pedido foi de que não me chamassem unicamente de professora, mas também por Lelê.

diferentes e com uma experiência incrível! Posso dizer que aprendemos muito. Solange.

- *O papel da Lêlê, foi muito bom, pois ela nos orientava quando estávamos meio perdidos em cena, e se não me falha a memória isso que ela fez se chama direção! Além de produção, roteiro...* Giovanni.

As respostas dadas pelo grupo de alunos denota o bom relacionamento estabelecido entre nós. Entendo que as condições do trabalho favoreceram essa situação. O fato de os alunos optarem por participar do projeto, sem nenhuma obrigatoriedade, criou uma disponibilidade bastante diferente do que se encontra, de maneira geral, nas salas de aula curriculares. Meu interesse pelo projeto, assim como a dedicação à preparação de cada encontro, também trouxe uma possibilidade de abertura e compreensão para com o grupo, que nem sempre é possível por parte dos professores.

Entretanto, apesar da tônica de nosso relacionamento ter sido o respeito mútuo e a compreensão das necessidades de todos nós, nem todos os momentos foram pacíficos ou tranquilos.

No quarto capítulo deste trabalho, expus uma situação na qual um dos alunos não conseguia realizar uma das cenas, pois esquecia a fala, reiteradamente. O meu posicionamento foi de, após diversas tentativas de estimulá-lo a resolver a dificuldade apresentada, ameaçá-lo com a possibilidade de perder a cena.

Essa situação denota a fragilidade desta pesquisadora, e provavelmente de boa parte dos professores, em manter-se fiel a uma postura realmente democrática no aprendizado. Ao não saber como resolver a situação, meu posicionamento foi absolutamente autoritário, deixando claro para o grupo que, embora as decisões fossem coletivas, estava mantido o meu direito ao poder de decisão acima das vontades alheias, como muitas vezes é feito nas escolas, pelos professores.

Minha surpresa perante essa atitude deveu-se tanto à minha atitude autoritária como à tranquilidade com que o grupo a aceitou. Evidentemente, os alunos estão acostumados com essa forma de agir por parte dos professores e a aceitaram sem nenhum questionamento. Prefiro acreditar que, além desse costume, a aceitação da minha atitude autoritária deveu-se também à confiança já estabelecida entre todos nós.

Ressaltei aqui essa situação, pois entendo que, apesar de minha crença e prática democráticas, não são em todos os momentos que conseguimos nos manter nessa postura; e que o aprendizado gera conflitos e contradições em todos os seus participantes.

O Corpo

A realização do trabalho teatral se dá, fundamentalmente, com o corpo. Os recursos utilizados para a montagem de uma peça, seja em seu espaço, com elementos cenográficos, seja no figurino, sonoplastia e iluminação, podem aportar diferentes soluções e efeitos para a apresentação, porém é no trabalho corporal que se dá a transformação e a criação da linguagem teatral.

No ensino de teatro, em que a preocupação central está no aprendizado que se estabelece com o contato com essa linguagem, a importância do trabalho corporal torna-se ainda maior.

A linguagem teatral, assim como a dança, possibilitam um conhecimento do próprio corpo e uma ampliação das possibilidades de vivência dele e com ele. Ao descobrir as maneiras pelas quais podemos nos expressar corporalmente, descobrimos novas formas de nos movimentarmos, novas expressões e recursos que podemos utilizar na relação com outros corpos, nas relações sociais.

O conhecimento do corpo, estabelecido pelo jogo teatral, cria uma amplitude de gestos que dá ao aluno outra percepção de si e da sociedade. O ato de jogar gera diferen-

tes resoluções para os momentos propostos pelo jogo, que são facilmente associados a momentos da vida cotidiana de cada um dos participantes.

A percepção da gestualidade, criada como solução para diferentes situações e emoções que o jogo apresenta, leva ao aluno a amplitude de entendimento da leitura corporal e gestual, feita de forma, muitas vezes, inconsciente.

Ao avaliarmos os jogos e as soluções encontradas, ao explorarmos soluções para as cenas, damos ao aluno um maior domínio e capacidade de "ler" o mundo que o rodeia, de atribuir significado e compreender o repertório gestual presente no seu cotidiano.

Além da importância no aprendizado sobre o próprio corpo e sobre os corpos com os quais convivemos, o ensino de teatro traz para o aprendizado a reflexão sobre a corporalidade.

O conceito de *fisicalização*, proposto por V. Spolin, esclarece a importância da corporalidade no aprendizado.

> A realidade só pode ser física. Nesse meio físico ela é concebida e comunicada através do equipamento sensorial. A vida nasce de relacionamentos físicos. A faísca de fogo numa pedra, o barulho das ondas ao quebrarem na praia. A criança gerada pelo homem e pela mulher. O físico é o conhecido, e através dele encontramos o caminho para o desconhecido, o intuitivo. [...] O ator cria a realidade teatral tornando-a física[10].

A possibilidade de entrar em contato com o físico, tornando real o imaginário, dá-se pelo conhecimento e exploração do corpo. Trabalhar com a *fisicalização* é uma forma de deixar claro o significado do corpo para o aprendizado.

O aprendizado pressupõe transformações corporais. Não é apenas no teatro e na dança que o corpo está presente, ainda que muitas vezes ele seja completamente ignorado. Trazer o teatro para o aprendizado é também uma forma de garantir a presença corporal na construção de conhecimento.

10. *Improvisação para o Teatro*, p. 14-15.

Observamos nas respostas dadas pelos alunos à pergunta *A percepção sobre o teu corpo mudou com o trabalho?* a importância dessa valorização dentro da escola:

- *Sim, vi que quando sou um personagem tem que ter os movimentos do corpo pois ele diz o que sentimos talvez muito mais do que a fala*. Mariana.
- *Eu melhorei muito, meu corpo fez coisas que eu pensei que não poderia fazer. A respiração melhorou e meu corpo se acostumou com exercícios e senti que há lugares no corpo com enorme sensibilidade*. Edmilson.
- *Conheci muito mais o meu corpo, senti sensações que nunca antes sentia. Concentrações deliciosas, muito boa. Mexer o corpo com mais facilidade*. Priscila.
- *Apenas um melhoramento da visão do meu corpo em relação a percepção de representação*. Daniel.
- *O teatro traz com certeza outra percepção do nosso corpo e da sua importância não só para o teatro, a partir disso partiremos com mais consciência sobre tudo além do nosso corpo*. Solange.
- *O que mudou no meu relacionamento com o corpo foi a respiração e alcance dos braços, até onde eles vão, que adquiri no jogo/exercício de ocupar o espaço*. Giovanni.

Nesses depoimentos observamos as várias transformações corporais que o trabalho teatral gerou em cada um dos participantes. Evidencia-se não apenas a compreensão das possibilidades de expressão descobertas nessa experiência, como a ampliação da capacidade de sentir e perceber o próprio corpo.

Apresentações

Desde o início do projeto já existia a perspectiva de apresentarmos uma peça de teatro. A escolha por tornar público o trabalho

desenvolvido com o grupo no decorrer do ano deve-se fundamentalmente às características da linguagem teatral.

Na estrutura dos jogos teatrais, proposta por Spolin, a presença da plateia é parte integrante do trabalho. O jogo teatral pressupõe a existência da plateia e esta possibilita uma maior percepção e compreensão do próprio jogo. O fazer teatral, quando inclui a plateia no decorrer de todo o processo e não somente na finalização, desenvolve a capacidade de observação e reflexão sobre o seu próprio fazer.

Durante todo o projeto tivemos o grupo como plateia de si mesmo, observando e refletindo sobre cada um dos jogos realizados e, posteriormente, sobre a montagem das cenas que deram unidade à peça apresentada.

No período de finalização do trabalho convidamos alguns amigos para assistirem dois ensaios corridos, podendo dessa forma debater sobre a montagem feita até aquele momento. A possibilidade de conversarmos sobre a peça, com essa pequena plateia composta de pessoas que não haviam participado do trabalho, tranquilizou o grupo de alunos, pois ainda permanecia alguma dúvida sobre a possibilidade de compreensão da narrativa, o que acabou com os comentários dos amigos.

A escolha de um cenário não realista causava incertezas sobre a possibilidade de compreensão da transformação do espaço, e de que a plateia não pudesse entender as configurações estabelecidas pelo uso dos cubos.

Preparamos as apresentações de forma que elas ocorreram no final de semana, que coincidiu com a semana cultural organizada pela escola. As apresentações ocorreram na sexta-feira, sábado e domingo à noite. Foram distribuídos cartazes e convites para os alunos da escola, familiares e amigos dos participantes do projeto.

O momento da apresentação gera a expectativa do compartilhar, podemos entender seu significado. Segundo Spolin:

> A apresentação leva à fruição de todo o processo criativo de fazer uma peça e a plateia deve ser envolvida nesse processo. A

plateia é o último raio que completa a roda, e sua relação não apenas com a peça, mas também com a atuação é da maior importância. A resposta da plateia pode ajudá-lo a avaliar sua produção.

Ninguém deve usar uma plateia para a autoglorificação ou por razões exibicionistas. Se isso ocorrer, tudo aquilo por que você e seus atores trabalharam será destruído. Por outro lado, se o conceito de compartilhar com a plateia estiver compreendido, os atores farão apresentações excitantes[11].

No decorrer de todos os encontros, experimentamos o sentimento de alegria pela criação e pelas descobertas realizadas conjuntamente. A expectativa de tornar público, assim como o medo do julgamento por parte das pessoas que não haviam participado dessa criação, foi muito grande no primeiro dia de apresentação.

No momento prévio à apresentação ficou evidente a necessidade de proximidade física de todo o grupo, necessidade de contato corporal, que dava a todos segurança para a realização do trabalho.

Todos estavam muito cansados e tensos. Fizemos um relaxamento antes de começarmos a nos arrumar para a apresentação. No momento de fazer o aquecimento e a concentração, falei ao grupo da importância daquele momento e de que deveríamos trazer para a cena toda a bagagem dos encontros.

No segundo dia de apresentação, nos encontramos no meio da tarde para comentarmos a apresentação anterior e arrumarmos novamente o espaço. Fizemos um lanche coletivo e conversamos por bastante tempo sobre as impressões de cada um. Os que haviam feito o protocolo leram as impressões que tiveram. A empolgação com a receptividade da apresentação e com os elogios da plateia foi muito grande.

A segurança gerada pela primeira apresentação provocou um estado de relaxamento e de crença de um domínio sobre a situação, que trouxe vários problemas para o segundo dia. Contávamos com uma plateia muito menor que a de sexta-feira, o que foi desestimulante.

11. *O Jogo Teatral no Livro do Diretor*, p. 109.

Em uma das cenas, um dos alunos esqueceu completamente a fala e não conseguiu improvisar, perdendo a personagem e deixando clara a perda. Essa dificuldade em improvisar foi muito frustrante para o aluno, já que em todo o trabalho, a improvisação foi recorrente. A incapacidade de encontrar uma solução para a cena, demonstrou o quanto o momento de exposição pode ser imobilizador, se vivido como cobrança.

Na última cena, um dos alunos improvisou soluções que fizeram com que a cena se descaracterizasse completamente, pois ele teve, como rei, atitudes muito engraçadas e "roubou" a cena. A plateia deu muita risada, pois ficou realmente engraçado. Acredito que ele percebeu, na primeira apresentação, seu potencial para comédia e resolveu fazer uso dele. O grupo ficou muito bravo com ele e saíram todos insatisfeitos com a apresentação.

No terceiro dia de apresentação nos encontramos novamente no meio da tarde. Na conversa sobre a apresentação de sábado, todos foram muito duros com o aluno que havia alterado a cena, ele se desculpou com todos e tentou explicar, argumentando que achou que não entrou bem em cena e tentou fazer alguma coisa para melhorar.

Ficou claro, nesse momento, o fascínio que o possível sucesso exerceu sobre o aluno. A percepção de que agindo de forma cômica ele poderia chamar a atenção sobre si fez com que ele rompesse com o acordo grupal e se preocupasse unicamente em desenvolver a posição de destaque alcançada momentaneamente.

A reação do grupo a essa atitude foi muito rigorosa. Evidentemente, todos se sentiram traídos por terem a cena desestruturada pela vaidade de um dos integrantes. Como coordenadora do trabalho, tive apenas que intermediar o diálogo para que pudesse se manter a cumplicidade e a confiança entre o grupo.

Spolin esclarece sobre o significado do acordo de grupo:

> Acordo de grupo não é conformismo com a tirania da maioria nem é a obediência cega a um líder. Pelo acordo de grupo os jogadores têm liberdade de escolha, que permite alternativas. Diferenças e similaridades são respeitadas. Ninguém é ridicularizado ao dar uma sugestão. Ninguém assume a decisão. Deferência de um pelo outro é exercitada entre os jogadores. Todos têm o direito de participar na medida de sua capacidade. Todos recebem e assumem livremente responsabilidade por sua parte no todo. Todos trabalham individualmente ao máximo para a realização do evento[12].

A ruptura do acordo, evidenciada pela mudança do foco da cena, sem que isso fosse uma decisão do grupo, resultou em uma situação de quebra da cumplicidade. Foi necessário que o grupo debatesse e se posicionasse com relação à atitude do colega, para que pudéssemos estabelecer novamente um espaço de confiança e de construção conjunta. Evidentemente, não foi possível para o aluno, naquele momento, assumir a atitude vaidosa, porém ele se desculpou junto ao grupo e pôde, dessa forma, recuperar a confiança do conjunto.

Como seria feito um ensaio, veio uma amiga minha para assisti-lo e, para que ela pudesse saber um pouco sobre a peça, os alunos decidiram mostrar as cenas, trocando as personagens, já que a Mariana, aluna que fazia a princesa, não estava. Fazer essas cenas foi divertido, pois todos deram muita risada com as imitações da Mariana. Esse fato nos possibilitou uma leveza no grupo, além de retomarmos as cenas, o que aqueceu o grupo para a apresentação.

A flexibilidade mostrada no decorrer das cenas, com a troca das personagens, também evidenciou o domínio que o grupo tinha sobre a peça. Essa possibilidade de brincar com as cenas e de caricaturizar as atitudes dos colegas denotou a apropriação de cada um sobre a construção feita.

Podemos observar nos depoimentos da Mariana e do Giovanni o significado das apresentações.

12. *Jogos Teatrais: O Fichário de Viola Spolin*, p. 41.

26/10/01 – 1ª Apresentação – Sexta

Hoje foi a primeira apresentação... como todos eu estava na maior expectativa, começamos arrumando os últimos detalhes do palco, como a luz e etc, até de se arrumar começou o nervoso.

A partir deste momento senti: angústia, solidão, raiva, ansiedade, o próprio nervoso e sei lá, pareceu que tudo ia desabar... acho que quando estamos pra colocar em prova algo que demorou muito para ser feito e tudo que se passou teria que ser mostrado ali no palco ficamos sensíveis a qualquer atitude que nos subestime... talvez seja a insegurança.

A apresentação pra mim foi muito legal, mas muito legal mesmo... senti meu coração palpitar mais forte depois de ter passado o segundo roubo... foi tudo muito rápido, os 45 minutos da peça foram pra mim como dez. Eu adorei...

A apresentação para o público, todos pareceram gostar muito, vieram parabenizar e comentaram das cenas falando que estavam ótimas... minha mãe adorou e como estava na plateia pode ver a reação das pessoas... ela disse que todos ficaram em silêncio, ou seja, todos prestaram atenção.

Comentaram que foi muito legal a peça... enfim acho que alcançamos o objetivo.

Agradeço a Lelê que tem uma super paciência, nos coordenou todos os momentos, fez sentirmos coisas diferentes, mostrou pra mim como é ser uma artista, fazer a risada no palco e chorar na vida real, ou ao contrário... "Brigada Lelê".

É, acho que não tenho mais o que falar, apenas que pra mim está sendo super legal e muito show ver as pessoas gostarem do nosso trabalho que vem desde de lá do comecinho do ano!

Que legal...

27/10/01 – 2ª Apresentação – Sábado

A Lelê estava certa, confesso que duvidei mas a 2ª apresentação não ficou tão legal quanto a primeira[13]*. Em algumas*

13. Antes da apresentação eu alertei o grupo de que tivessem muito cuidado para que a tranquilidade conquistada pela primeira apresentação não gerasse desatenção, coisa bastante frequente no teatro.

coisas melhoraram pois ficamos mais acostumados com o público, pudemos corrigir erros da primeira apresentação, mas talvez por não ter mais aquela empolgação de ser a primeira vez e etc, saia com menos brilho. Mas tudo bem, não ficou tão feia... amanhã fica mais legal...

Beijos

28/10/01 – 3ª Apresentação – Domingo

Essa apresentação foi muito legal, embora estivesse com febre acho que o pessoal e eu estávamos menos nervosos e mais confiantes... Eu percebi como cada pessoa tem uma reação diferente em algumas cenas, pois nessa última uma mulher deu risada na hora do nicho que a princesa é desprezada. Depois na hora do debate eu perguntei porque a risada e ela me deu um outro ponto de vista. O debate foi legal, teve uma certa polêmica sobre o que a princesa deu o que não deu para o príncipe, perguntaram sobre o processo de montagem e depois fomos para a casa da Lelê e comemos uma pizza muito boa, conversamos sobre a apresentação e eu fiquei muito triste em pensar que ta acabando...

Foi isso que aconteceu domingo. Tchau...

Mariana Bastos

Protocolo

Ontem foi o grande dia, a estreia, estávamos muito ansiosos, pensei que fosse ficar muito mais ansioso do que estava, ainda bem que não fiquei. Nas cenas em que fazia o pássaro, não tive muito problema, mas na hora em que ele virou príncipe, o bicho pegou, principalmente na cena em que a princesa descobre a verdade teve uma hora em que esqueci a fala, gaguejei e embacei um pouco, mas ainda bem que foi só no começo.

Nas outras cenas, pelo menos no meu consenso, fluiu, ficou legal as tiradas da Solange e da Priscila, só não gostei muito da mudança do Geleia, ele começou a falar com um tom mais irônico do que sério, e isso deu uma quebra do que

tínhamos ensaiado, pois até quarta-feira, o rei se portava de uma maneira e ontem ele se portou de outra.

Acho que foi bom não termos ensaiado antes, só que não sei se tivéssemos ensaiado antes o Geleia ia fazer o mesmo que fez em cena ou ia continuar com o mesmo rei, iria me sentir mais perdido ainda, mas se ele mudasse no ensaio antes, talvez não me sentisse tão perdido. Foi isso.

Foi muito legal, adorei, só que a peça durou 40 minutos.

Obs: Geleia não estou te criticando, é que ensaiamos uma coisa e saiu outra, e aliás ficou legal esse rei, vamos dizer mais "caricato".

Protocolo

Ontem foi o segundo dia de apresentação, como a Lelê falou foi o dia em que tudo dá errado. Esqueci a fala, além de trocar as frases na 1ª. cena em que estou com o rei. Fora isso, o Geleia não se aguentou e estragou a parte em que tinha que haver mais concentração, não tanto por parte dele, mas principalmente do Daniel, da Priscila, Mariana e da Solange que encontraram dificuldade para se concentrar e isso é a cena mais tensa da peça. Com as gracinhas dele, fez a plateia dar risada, mas não sei se eles perderam a concentração, mas atrapalha. Foi péssimo!

OBS: Geleia que quer fazer as pessoas rirem vá ao circo e seja um palhaço. Na boa, isso é pessoal. Fim.

Protocolo

Domingo a apresentação foi muito legal, que pena que foi o último, mas foi muito legal, espero que possamos ver a fita que a Lelê gravou.

Depois da apresentação fomos para a casa da Lelê comer pizza porque a Mariana tava meio mal. Bem legal a casa da Lelê, e os gatinhos dela, já falei pra ela que ela é quem vai decorar minha casa (quando tiver uma é claro! E não é brincadeira) Foi dez, pena que foi o último dia. Ah, e foi bem legal o bate papo com os alunos da Lelê. Fim.

Giovanni

Entendo que a expectativa gerada em função do momento da apresentação foi excessiva. Talvez a pequena relação estabelecida com os demais alunos e professores da escola não propiciaram um diálogo maior no decorrer de todo o projeto, criando-se um grande receio do possível julgamento.

A estrutura de *O Jogo Teatral no Livro do Diretor* também pode ter colaborado para a importância dada às apresentações. Sendo um livro que apresenta a utilização do jogo em uma montagem teatral, a importância dada à apresentação é grande. Mesmo não valorizando esse momento, em comparação com os outros encontros, a apresentação revestiu-se de uma grande importância para o grupo de alunos.

6. CASARAM E VIVERAM FELIZES PARA SEMPRE

Escolhi a frase *casaram e viveram felizes para sempre*, tantas vezes utilizada no final dos contos de fadas, para refletir sobre o todo desta pesquisa. A ideia de felicidade plena e eterna, presente nessa frase, vem antecedida pela união dos heróis da história, resultante do casamento.

Voltando aos contos de fadas, pudemos analisar, no primeiro capítulo deste trabalho, os diversos momentos que antecedem a possibilidade de *casar e viver feliz para sempre*. De maneira geral, o sofrimento experimentado pelas personagens das histórias até chegarem à felicidade é grande.

Estabelecendo um paralelo com a situação de aprendizagem, definindo que os heróis da nossa história são o corpo docente e o corpo discente, poderíamos observar que a dificuldade dessa história chegar à frase final, semelhante à dos contos, foi considerável.

Evidentemente, não seria possível, nem desejável, uma finalização tão definitiva, pois o aprendizado não finda como os contos, é mutante e em permanente transformação. Entretanto, é necessário que se estabeleça essa ideia de casamento e de felicidade como uma busca necessária. O conceito de parceria exposto por Spolin, reforça essa ideia:

> Durante as oficinas, o aluno/professor e o professor/aluno devem estar abertos para dar e receber parceria, o direito à pergunta e à resposta. Pela parceria, as habilidades individuais podem variar muito, mas todos estão dando e tomando, jogando com igualdade. Todos, alunos/professores e professores/alunos unidos enfrentam o desconhecido[1].

Com a perspectiva de junção, de união, é que trago o termo do casamento, os heróis dentro da relação escolar precisam "casar" para poderem *viver felizes para sempre*. Sem que seja estabelecido um compromisso de se construir conjuntamente o saber, que se estabelece nesse pacto prévio de união, não poderemos alcançar um ensino de qualidade.

O trabalho com os contos traz essa dimensão da superação das dificuldades para que se instaure a possibilidade do amor. Explorar o conto *O Pássaro Verde*, vivenciar sua narrativa, transformá-lo em uma obra que passa a ser do grupo de alunos, possibilitou-nos a valorização do sentimento amoroso, da reflexão sobre a busca do amor como uma possibilidade de felicidade.

Estar em contato permanente com o conto do pássaro verde, deu a oportunidade de esse grupo de adolescentes vivenciar uma história de amor, discutir o significado do amor nas nossas vidas, estabelecer essa perspectiva como uma possibilidade de relação. Em um momento histórico em que se coloca uma descaracterização das histórias de amor como base das relações humanas, seja na desconfiança gerada pela violência, seja na banalização do contato

1. *Jogos Teatrais: O Fichário de Viola Spolin*, p. 63.

corporal, resultante da exploração da sexualidade como bem de consumo, trazer o amor como valor possível, parece-me necessário para a construção das relações sociais.

Nesse sentido, a presença do conto dentro do universo escolar pode se tornar um valoroso aliado para a construção de uma sociedade melhor, que acredite na possibilidade de convívio entre os diferentes.

O trabalho educativo com o conto não significa a supressão das diferenças ou sua aceitação incondicional e pacífica, porém ele mostra a perspectiva do conflito que irá em direção a uma busca amorosa. Esse movimento de busca, quando se estabelece a possibilidade de enxergar o outro, já pressupõe essa base amorosa.

Da mesma forma que o conto traz a história de amor como uma conquista possível, o jogo teatral está estruturado nesse acordo coletivo, sem o qual nada acontece, conforme esclarece Koudela:

> A relação autoritária percebe a regra como lei. Na instituição lúdica, a regra pressupõe processo de interação. O sentido de cooperação leva ao declínio do misticismo da regra quando ela não aparece como lei exterior, mas como o resultado de uma decisão livre porque mutuamente consentida. Evidentemente, cooperação e respeito mútuo são formas de equilíbrio ideais, que só se realizam através de conflito e exercício da democracia. O consentimento mútuo, o acordo de grupo, determina as possibilidades de variação da regra[2].

A atitude cooperativa apresentada por Koudela é a base do trabalho teatral e o ensino de teatro possibilitará que essa forma de relação seja estendida para os relacionamentos sociais, de maneira geral.

Experimentar essa forma de acordo grupal, cria no aluno essa perspectiva para as demais relações que ele venha a estabelecer. Ter a noção do outro, como alguém que necessita do mesmo espaço que você, é fundamental para a construção de uma sociedade mais tolerante e equilibrada.

2. *Jogos Teatrais*, p. 49.

Poderíamos dizer que no conto de fadas experimentado pelo aprendizado, as histórias devem iniciar-se com o "casaram", pois é com esse acordo estabelecido pelo corpo docente e o corpo discente que devemos começar nosso diálogo. Partir desse acordo é um ganho para a relação de ensino-aprendizagem. Ao ter como base uma estrutura que pressupõe o acordo coletivo, os jogos teatrais dão ao aprendizado uma importante referência.

Outro aspecto fundamental presente no ensino de teatro, assim como das demais linguagens artísticas, é a criação necessária para o contato com o objeto de estudo. Segundo Spolin:

> Todas as pessoas são capazes de atuar no palco. Todas as pessoas são capazes de improvisar. As pessoas que desejarem são capazes de jogar e aprender a ter valor no palco. [...] É muito possível que o que é chamado comportamento talentoso seja uma maior capacidade individual para experenciar. Desse ponto de vista, é no aumento da capacidade individual para experenciar que a infinita potencialidade de uma personalidade pode ser evocada[3].

Desenvolver a possibilidade de experenciar traz o convívio cotidiano com a criatividade. A analogia estabelecida entre a vida e a obra de arte poderá ser experimentada se mantivermos o espaço de criação no aprendizado. O ensino de arte possibilita a experimentação desse espaço, já que a obra de arte não existe sem a criação.

Entendo que a ideia de um ensino que produza felicidade está vinculada à compreensão da educação como um espaço de busca de identidade, de construção do sujeito com a incorporação de sua subjetividade.

O experimento com o grupo de teatro Pé Sujo foi um trabalho no qual estivemos *felizes para sempre*. No contato e transformação do conto, na experimentação dos jogos teatrais e na construção conjunta de significados para a vida

3. *Improvisação para o Teatro*, p. 3.

desse grupo encontramos alguns dos sentidos do ensino de teatro.

Espero que essa pesquisa possa contribuir para um melhor entendimento e uma maior experimentação do teatro no aprendizado e na vida das pessoas.

BIBLIOGRAFIA

ALVES, Rubem. *Conversas com Quem Gosta de Ensinar.* São Paulo: Cortez, 1993.

ARROYO, Miguel. *Ofício de Mestre.* Petrópolis: Vozes, 2000.

BENJAMIN, Walter. O Narrador. In: *Obras Escolhidas: Magia e Técnica, Arte e Política.* São Paulo: Brasiliense, 1985.

BETTELHEIM, Bruno. *A Psicanálise dos Contos de Fadas.* Rio de Janeiro: Paz e Terra, 1980.

BRECHT, Bertolt. *Estudos sobre Teatro.* São Paulo: Nova Fronteira, 1978.

BUSQUETES, Maria Dolores et al. *Temas Transversais: Bases para uma Formação Integral.* São Paulo: Ática.

CABRAL, Beatriz (org.). *Ensino do Teatro: Experiências Interculturais.* Florianópolis: Imprensa Universitária, 1999.

CALVINO, Ítalo. *Fiabe italiane: raccolte dalla tradizione popolare durante gli ultimi cento anni e transcritte in língua daí vari dialetti.* Milano: Oscar Mondadori, 1993. (Trad. bras.: *Fábulas Italianas: Coletadas na Tradição Popular durante os Últimos Cem Anos e Transcritas a partir de Diferentes Dialetos.* São Paulo: Companhia das Letras, 1992.)

CANTON, Kátia. *E o Príncipe Dançou... O Conto de Fadas: Da Tradição Oral à Dança Contemporânea.* São Paulo: Ática, 1994.

CASCUDO, Luís da Câmara. *Contos Tradicionais do Brasil.* 8 ed. São Paulo: Global, 2000.

_____. *História dos Nossos Gestos*. Belo Horizonte/São Paulo: Itatiaia/Edusp, 1987.

_____. *Literatura Oral no Brasil*. 3 ed. Belo Horizonte/São Paulo: Itatiaia/Edusp, 1984.

COELHO, Anna Flora C. *A Introdução do Texto Literário ou Dramático no Jogo Teatral com Crianças*. Dissertação de Mestrado apresentada na ECA-USP, São Paulo, 1989.

COELHO, Nelly Novaes. *O Conto de Fadas*. São Paulo: Ática, 1987.

CORTELLA, Mario Sérgio. *A Escola e o Conhecimento: Fundamentos Epistemológicos e Políticos*. São Paulo: Cortez/Instituto Paulo Freire, 1998.

COURTNEY, Richard. *Jogo, Teatro e Pensamento*. 4. ed. São Paulo: Perspectiva, 2010.

DIECKMANN, Hans. *Contos de Fadas Vividos*. São Paulo: Paulinas, 1986.

FERRAZ, Maria Heloísa C. de T.; REZENDE E FUSARI, Maria F. de. *Arte na Educação Escolar*. São Paulo: Cortez, 1982.

_____. *Metodologia do Ensino de Arte*. São Paulo: Cortez, 2007.

FRANZ, Marie Louise von. *A Sombra e o Mal nos Contos de Fada*. São Paulo: Paulinas, 1985.

_____. *A Interpretação dos Contos de Fadas*. Rio de Janeiro: Achiamé, 1981.

GAMA, Joaquim C. M. *Produto Teatral: A Velha-Nova História: Experimento com Alunos do Ensino Médio*. Dissertação de Mestrado apresentada na ECA-USP, São Paulo, 2000.

HIRSCH, Linei. *Transcrição Teatral: da Narrativa Literária ao Palco*. Dissertação de Mestrado apresentada na ECA-USP, São Paulo, 1988.

KOUDELA, Ingrid Dormien. *Brecht na Pós-Modernidade*. São Paulo: Perspectiva, 2001.

_____. *Texto e Jogo: Uma Didática Brechtiana*. São Paulo: Perspectiva, 1996.

_____. *Um Voo Brechtiano: Teoria e Prática da Peça Didática*. São Paulo: Perspectiva,1992.

_____. *Brecht: Um Jogo de Aprendizagem*. 2. ed. São Paulo: Perspectiva, 2010.

_____. *Jogos Teatrais*. 7. ed. São Paulo: Perspectiva, 2009.

LABAN, Rudolf. *Domínio do Movimento*. São Paulo: Summus, 1978.

MACHADO, Ana Maria. *Texturas: Sobre Leituras e Escritos*. Rio de Janeiro: Nova Fronteira, 2001.

MACHADO, Regina. *Arte Educação e o Conto de Tradição Oral: Elementos para uma Pedagogia do Imaginário*. Tese de Doutoramento apresentada na ECA-USP, São Paulo, 1989.

MAGALHÃES, Basílio de. *O Folk-lore no Brasil: Com uma Coletânea de 81 Contos Populares dos Quais 75 Baianos*. Rio de Janeiro: Quaresma, 1928.

MANTOVANI, A. *Cenografia*. São Paulo: Ática,1989.

MATURANA, Humberto. *Emoções e Linguagem na Educação e na Política*. Belo Horizonte: Editora da UFMG, 1998.

OLIVEIRA, Ulisses Ferraz de. *Veredas do Estranhamento: Pedagogia do Teatro e Produção de Texto*. Tese de Doutorado apresentada na FE-USP, São Paulo, 2001.

PALLOTTINI, Renata. *Introdução à Dramaturgia*. São Paulo: Brasiliense, 1983.

PAVIS, Patrice. *Dicionário de Teatro*. 3. ed. São Paulo: Perspectiva, 2008.

PELLEGRINI FILHO, Américo. *Literatura Folclórica*. São Paulo: Nova Stella/ Edusp, 1986.

PROPP, Vladimir I. *Morfologia do Conto Maravilhoso*. Rio de Janeiro: Forense Universitária, 1984.

PUPO, Maria Lúcia de Souza Barros. *Palavras em Jogo: Textos Literários e Teatro-Educação*. Tese apresentada à ECA-USP como requisito parcial para obtenção do título de Livre-Docente, 1997.

_____. *No Reino da Desigualdade*. São Paulo: Perspectiva, 1991.

RIOS, Terezinha Azeredo. *Compreender e Ensinar: Por uma Docência da Melhor Qualidade*. São Paulo: Cortez, 2001.

RODRIGUES, Neidson. *Elogio à Educação*. São Paulo: Cortez, 1999.

ROMERO, Sílvio. *Folclore Brasileiro: Contos Populares do Brasil*. Belo Horizonte/São Paulo: Itatiaia/Edusp, 1985.

ROSA, S. S. *Brincar, Conhecer, Ensinar*. 4. ed. São Paulo: Cortez, 1998. v. 68.

ROSENFELD, Anatol. *O Teatro Épico*. 6. ed. São Paulo: Perspectiva, 2008.

_____. *Texto/Contexto*. 5. ed. São Paulo: Perspectiva, 1996.

SPOLIN, Viola. *Jogos Teatrais para a Sala de Aula: Um Manual para o Professor*. 2. ed. São Paulo: Perspectiva, 2010.

_____. *Jogos Teatrais: O Fichário de Viola Spolin*. 2. ed. São Paulo: Perspectiva, 2003.

_____. *O Jogo Teatral no Livro do Diretor*. 2. ed. São Paulo: Perspectiva, 2004.

_____. *Improvisação para o Teatro*. 5.ed. São Paulo: Perspectiva, 2006.

STANISLAVSKY, Constantin. *A Criação de um Papel*. Rio de Janeiro: Civilização Brasileira, 1984.

_____. *A Construção da Personagem*. Rio de Janeiro: Civilização Brasileira, 1983.

_____. *A Preparação do Ator*. Rio de Janeiro: Civilização Brasileira, 1982.

XIDIEH, Oswaldo Elias. *Narrativas Pias Populares*. São Paulo: IEB-USP, 1967.

Impresso na cidade de Cotia,
nas oficinas da Meta Brasil,
para a Editora Perspectiva.

Coleção Debates
Dirigida por J. Guinsburg

Equipe de Realização – Edição de Texto: Márcia Abreu; Revisão: Iracema A. Oliveira; Produção: Ricardo W. Neves, Sergio Kon e Luiz Henrique Soares.

Contar Histórias com o Jogo Teatral